パレスチナ
PALESTINE JOE SACCO

ジョー・サッコ   小野耕世 訳

いそっぷ社

ジョー・サッコを讃える

エドワード・サイード

　コミックブックは青春と結びついた世界的な現象だ。東洋にも西洋にも、あらゆる言語と文化のなかに存在している。あつかっているテーマは、考えさせられるもの、奇想天外なもの、感傷的なもの、くだらないものまで多岐にわたっているが、そのどれもが読みやすく、まわし読みされたり、保存されたり、気楽に読みすてるのも自由だ。多くのコミックスは『アステリックス』（フランスの人気マンガ）や『タンタン』（ベルギー生まれの世界的な人気マンガ）のように、若い人たち向きの冒険シリーズで、毎月毎月、忠実に読まれ続けている。歳月とともにコミックスは、さきの2作品のように、それ自体の生命（いのち）を持つように思える。くり返し登場する人物たちと、物語の背景やセリフによって、読者は、エジプトまたはインドやカナダにいようが、同好の仲間のように、コミックスのなかの出来事や人物たちの名前を共有する。私は思うのだが、ほとんどのおとなたちは、コミックスをくだらない、または一過性のもののようにみなし、子どもが成長するとそれらは脇に追いやられ、もっとまっとうなものを読むようになるだろうと考えている。だが、ごくまれではあるが（アート・スピーゲルマンによる『マウス』の例のように）、敬遠されがちな暗く深刻なテーマが、真摯（しんし）なコミックブックのアーティストによってとりあげられることがある。だが、この文を読み進めばすぐわかると思うが、そのような例はめったにない。なによりも、それには卓越した才能が必要だからだ。

　初めてコミックブックを読んだのがいつだったか、正確には覚えていない。だが読んだあと、どんなに私が解放され、打ちのめされた気分になったか、はっきりと覚えている。色刷りの画面が連続している本の魅力、とりわけその乱雑で不規則な構成形式、カラフルで野放図な絵の豊かな連なり、登場人物たちの思いやことばの自在な交差、語られ描かれるエキゾチックな怪物や冒険の数かず——そのすべてが、とてつもなくすばらしい興奮を呼びおこし、それはそれまで私が見聞きしてきた事柄や経験とは、まったく異なっていた。

　第2次世界大戦後の中東の植民地のなかで、アラブ人でありながら不似合いにもプロテスタントであった私の一家と私が受けた教育は、本の知識に重点を置き、非常な勉学を要求され、それがすべてにわたって絶えまなく支配していた。当時は、テレビや数かずの手軽な娯楽は当然、ない時代だった。ラジオが外の世界と私たちをつなげていた。ハリウッド映画は無視できないが、道徳的に危険なものもあると思われていたので、週に1回だけ見ることが許された。見るのを許された映画は、私たちには明らかにされない判断基準によって、子どもには有害でないと両親が注意深く選んだものだった。

正確には13歳の誕生日はまだだったが、1948年のパレスチナ崩壊の直後に私はハイスクールに入学した。男女を問わず家族の他のみなと同様、私は英国式の学校にはいった。その学校は「トム・ブラウンの学校生活」の内容をお手本にしたような学校で、私が手あたり次第に英語の本を読んで知っていたイートン、ハロー、ラグビー校のさまざまな面をもちあわせていた。大部分がアラブ人とレバント人の生徒と、英国人教師たちは、帝国主義後期の状況のもと、多くの矛盾・摩擦をかかえていたが、ほとんどがイスラム教徒で占めるアラブ諸国自体が、激しい変化のさなかにあり、学校のカリキュラムはオックスフォードとケンブリッジの学校認定証（当時イギリスのハイスクール卒業証はこう呼ばれていた）を満たすように組まれていた。そこへアメリカのコミックブックが突如侵入してくると、親や学校当局はただちに禁止した。それは小さな台風のような騒ぎとなった。数時間のうちに、私は規則違反にもかかわらず、スーパーマン、ターザン、キャプテン・マーヴルやワンダー・ウーマンたちの冒険の奔流のなかにどっぷりつかっていた。それに私はたじろぎ、私が信条とするべきであった、より厳しく重苦しい事柄から、当然のことながら気持ちは離れてしまった。

　この楽しい新世界が、なぜかくもかたくなに禁止され、家でも禁令が実施されたのか、理由を聞いても、断固とした私の両親から答えは得られなかったが、唯一の説明は、コミックブックは学業のさまたげになるということだった。私はその後何年も、この禁止の論理を再構築しようとしてきたが、結論は、禁止令は、コミックブックが持つきわめてユニークな働きというものを（当時の私以上に）両親が非常に正確に把握していたから、というものである。

　まず第一に、コミックブックには俗語が多用されたり暴力描写があったりで、整然とした学習を混乱させてしまった。第二に、これはだれも決してことばにはしないが、たぶんより重要だったのは、私の性的に抑圧された若き日の生活を、ふざけた登場人物たち（そのうちのひとりである「ジャングルの女王シーナ」は、裸体に極端に小さな布きれをまとい、セクシーな姿をさらしている）が解放してくれたからだ。それらのキャラクターの言動は、可能性や論理のうえから許容できないものであり、たぶんもっと決定的なのは、コミックスは世間一般の規準を逸脱しており、社会で認められた行動や考えかたを侵害していたからだ。コミックスは a＋b＋c＋d の理論を混乱させ、教師の期待や、歴史のような学科が求めたことにさからうように、私をけしかけた。

『キャプテン・マーヴル』（スーパーマンのような超人ヒーローの物語）を1冊、学校カバンにいれて持っていき、禁止されていたにもかかわらず、バスのなかや、本のあいだにはさんだり、教室のうしろでこっそり読んだときの大得意の気分を、私は鮮明に覚えている。そのうえコミックスは（絵とことばの魅力的な、本当の意味での誇張された結びつきにより）直接的に訴えてくるものだった。それは確固として真実であり、他方ですばらしく身ぢかに迫ってきて、読む者を感化し、親しみがもてた。私はいまでも、その目のまえに見る絵づらだけではなく、コミックスを読み解くことに魅力を感じている。たぶん私がそれほど重要とは感じていない映画やアニメや新聞連載マンガよりも、言ったり想像することを許されなかった事柄を、はるかにコミックスは表現

していた。それはあらゆるたぐいの教育上またはイデオロギー上の圧力によって規制され、構築・再構築されるふつうの思考過程に挑んでいるのだ。当時、このことにまったく認識はなかったが、コミックスは私が違うように考え想像し見るようにと、私を解き放ってくれると感じた。

　さていまは、20世紀最後の10年間だ。パレスチナ系アメリカ人として、私はパレスチナ人の民族自決と人権のための戦いに必然的にかかわっている。距離にさまたげられ病気にもなり、亡命している身である私の役割は、この最も困難な運動の目的を擁護し、その複雑でしばしば表^{おもて}には出ない側面を、執筆活動や講演を通じて訴えることであった。そのあいだずっと私は、アンマンやベイルートにいる私たち民族の歴史がひもとかれていくのに歩調を合わせつつ、家族と私が1947年にエルサレムを去って以来初めて、ついに私は、1992年パレスチナに、その西岸とガザに実際に帰ることができたのである。

　私がこうした努力を1967年６月の戦争（第３次中東戦争、いわゆる「６日戦争」）直後に始めたころは、「パレスチナ」ということばすら、公的な場で用いるのはほとんど不可能だった。当時パレスチナについてのティーチインや講演会場の外には、「パレスチナは存在しない」というプラカードが掲げられていたのを思い出す。1969年には、ゴルダ・メイアが「パレスチナ人は存在しない」という有名な演説をした。作家と講師としての私の仕事の多くは、私たちの歴史が誤って伝えられたり非人間的にあつかわれることに反駁^{はんばく}することだった。同時にメディアや敵対する論客たちによって、まことに効果的に抹殺されたパレスチナ側の主張を示し、それに血の通った形を与えようと試みた。

　10年ほど前、私の若い息子が、なんの予告もなく、いきなりジョー・サッコによるパレスチナのコミックブックの第１分冊を家に持ってきた。実際にコミックスを読んだり見せあったりの世界からずっと離れていた私は、サッコというマンガ家や、人をとりこにする彼の作品が存在することすら知らなかった。たちどころにして私は、あの最初の偉大なインティファーダ（1987—92）の世界に投げこまれ、それにも増して、ずっとむかしに読みふけったコミックスの躍動するいきいきとした世界へと引きもどされたのである。従って、「認識の衝撃」は２倍であった。そしてサッコのコミックブック『パレスチナ』（それは10冊近い分冊でまず刊行され、ここに全１冊にまとめられたのだが、アメリカの読者のみならず、広く世界じゅうで読まれてほしいと思う）を夢中で読み続けていけばいくほど、これはまさしく、このうえなく独創的な、政治的かつ美的な作品であると確信するようになった。これまでにパレスチナ人やイスラエル人や、それぞれの支持者たちがくり返してきた、長たらしく、しばしば誇張され、また絶望的にゆがめられた議論とは、これはまったく違っている。

　私たちはメディアで飽和状態の世界に生きている。圧倒的でぼう大な世界ニュースの映像は、ロンドンやニューヨークといった場所にすわっているひとにぎりの人たちによってコントロールされ、広められる。それに対して、コミックブックの絵とことばによる奔流は、そのなかで語られる過激な状況にふさわしく断定的に描かれ、時にはグロテスクなほど強調されているが、すばらしい解毒剤となっている。ジョー・サッコの世界には、なめらかな口調のアナウンサーやプレ

ゼンターは出てこない。イスラエルの勝利や民主主義やその達成についての、調子のいいなめらかな語りもない。そして推測ではなく再確認されたとするパレスチナ人像——つまり、石を投げたりなんでも拒絶したり原理主義者の悪人（その主な目的は平和を愛し迫害されているイスラエル人の生活をおびやかすことにある）——は提示されていない。その像のすべては、どんな歴史的もしくは社会的な典拠からも、生きた現実からも、かかわりがないのだが。それに替ってあるのは、親しめない不愛想な世界をさまよい歩くかに見える穏やかな姿をした、どこにでもいる角刈りの若いアメリカ人の目を通して見た現実である。そこは軍隊の占領下にあり、勝手に逮捕されたり、家が壊されたり、土地がとりあげられる悲惨な経験や、拷問（「肉体へのおだやかな圧力」）の世界であり、本当の暴力が気前よくまたは残酷に行使される（例えば、あるイスラエル兵は西岸の道路を閉鎖して人びとを通行させない。理由は「これだぞ」と、恐ろしげな歯を見せておどしながら、M16自動小銃をかかげる）。そのお情けのもとに、パレスチナの人たちは、まさしく日々の一刻一刻をすごしている。

　占領下にあるパレスチナ人とジョー・サッコのしばしば皮肉な出会いには、あからさまなドラマ展開や明白な信条のやりとりはない。大部分の貧しく不安に満ちた不確実な存在、不幸の集合体、剝奪される存在である彼らを美化してはいない。とりわけガザについて描いた部分では、人を寄せつけない境界地区のなかで、あてもなくさまよい、ほとんど待って待って待っている日々なのである。1、2の作家や詩人を除いて、この事態のひどいありさまをジョー・サッコほどよく描出した者はいない。まちがいなく彼の描くイメージ群は、読んだりテレビで見ききするどんなものよりも、真に迫っている。友人の日本人カメラマンのサブロー（彼は途中でいなくなったようだが）とともに、ジョーはよく聞き、じっくり見て、時には疑い、時にはうんざりする。だがほとんどの場合、彼は共感しおもしろく思う。パレスチナ人のお茶はしばしば砂糖のなかでおぼれているとか、たぶん自発的ではないのだろうが、人びとが集まってきて、漁師や狩人たちが獲物の大きさを比べたりいかにこっそり獲物に近づくかを語るように、悲しみや苦難のはなしをするのを、サッコは記すのだ。

　ここに集められた多くのエピソードに登場する人びとは、驚くほどさまざまである。コミックス作者の物語の細部をとらえるたぐいまれな才能によって、切りそろえられた口ひげや、極端に大きな歯や、みすぼらしい服が描かれているというぐあいだ。サッコはほとんど気どりのないその名人芸によって、そうした描写を全編にわたって続けていく。特に急がず目的もなくさまようその姿は、彼が特ダネを求めるジャーナリストでも、政策決定のために事実をつきつめようとする専門家でもないことを強調している。ジョーはそこに、パレスチナにいる。それだけのことなのだ。要するに、パレスチナ人がそこで強制されているのと同様に生活することはないにしても、出来るだけ時間をさいて事実上そこですごしている。権力の現実を見せられ、負け犬たちに自己同一化しながら、サッコによってイスラエル人たちは、常に不信感を抱いてというわけではないにせよ、まちがいなく懐疑的に描かれている。彼らのほとんどは不正な権力と不明瞭な権威の姿をしている。明らかにつまらない人たち、多くの兵隊たち、パレスチナ人の生活を困難に、

ことさら耐え難くするよう出現し続ける多くの入植者たちのことだけを、私はいっているのではない。とりわけ、熱のこもったエピソードのなかに出てくるいわゆる「平和主義者」たちのことも含んでいるのだ。彼らのパレスチナ人の権利擁護はあまりにもあいまいで、および腰で、結局なんの効果もなく、失望させられ、軽べつの対象となっているのである。

ジョーはそこに行って、なぜ事態がこのようになっているのか、なぜそんなに長いあいだ袋小路にはいってしまっているのか、知ろうと模索する。彼はこの場所に惹きつけられる。部分的には（特に奇妙な彼の初期のコミックス『戦争ジャンキー』を見てわかるのだが）第2次大戦時のマルタ島における彼の家族の背景によって、部分的にはポスト・モダン世界は若い好奇心であふれたアメリカ人にとって行きやすいので、また部分的にはジョーゼフ・コンラッドのマーロウ（短編「闇の奥」の主人公）のように、世界の忘れられた場所や人びとに惹きよせられるので。その人びととはテレビの画面には華やかに登場しないし、出てきてもきまって影がうすく重要ではなく、たぶんとるに足らないものとしてあつかわれる。彼らはまるでパレスチナ人の場合のように、追いはらうこともできず、不快な存在として受けとめられているのである。

一種の超現実的な世界を、得意の手法でコミックス独自の魅力を失うことなくいきいきと描き、詩人のきわだって暴力的な物事のとらえかたのように、ジョー・サッコはぼう大な量の情報を、ひけらかすことなく伝えることができる。と同時に人びととかかわりあい、和平交渉や、そして基本的には偽善的な指導者や政策決定者やメディアの物知りたちによる、事態についての不愉快で整えられた定説があるにもかかわらず、パレスチナ人を現在の停滞した無力感に追いやった歴史的な出来事についても、彼は伝えるのだ。

全体が地獄のようなガザでの生活の描写ほど、ジョー・サッコが平均的パレスチナ人の実存的な生きた現実に肉迫したことはない。時間の停滞、難民キャンプでのさもしいことはいわないまでも、単調な日常生活、失業対策事業の労働者たちのネットワーク、家族を奪われた母親たち、失業中の若者たち、教師、警官、周囲の人たち、どこにでも見られるお茶やコーヒーを飲みながらの集まり、閉じこめられている感覚、パレスチナ人全体の経験のなかで象徴と化している難民キャンプのもたらすいつまでも続く泥んこ状態と醜さは、ほとんど恐ろしいような正確さと、逆説なのだが、同時にやさしさとをもって描きあげられている。

登場人物としてのジョーは、そこにいて、なぜガザが絶望的なまでに人であふれ、しかもパレスチナ人が追いやられた「自らのルーツをもたない場所」をこれほど象徴しているのか——同情しつつ理解し体験しようとするだけではなく、それは現実に存在し、どんな読者も共感できるような語りの形式で、とにかく人間のことばで説明されなくてはならない、といっているのだ。

従って注意すれば、さまざまな年齢層の人たちの念入りな描写に気がつくだろう。いかにして子どもたちとおとなたちが自分たちの選択をし、みじめな生活を送るか、いかにある者は話し、ある者は無言でいるか、間にあわせの生活のなかで、みすぼらしいセーターやさまざま雑多な上着や暖かいハタをいかに人びとが着ているのか——故郷の土地のはじっこで暮す彼らはこのうえなく悲しく無力で論議の的になっている、歓迎されざる外国人なのだ。

彼らのすべてを、ある意味で、よく目配りをし、おだやかに思いやりをもち、皮肉に彼らのあいだを行き滞在するジョー自身の目を通して見ることができる。そして、その絵による証言は、彼自身となる。その最も深い連帯の行為において、いわば彼自身によるコミックスのなかの彼自身になる。なによりも彼のガザ・シリーズは、サッコ以前の卓越した３人の目撃者たちが印象深く記したことに再び息をふきこみ、確認してくれる。その３人とはすべて女性で、ひとりはイスラエル人、ひとりはユダヤ系アメリカ人、ひとりはそれまで中東とはなんのかかわりもなかったアメリカ人である。アミーラ・ハス（1956―）はイスラエルの「ハーレツ」紙の勇敢な記者で、４年にわたってガザに住みガザについて書いた。サラ・ロイは、ガザの経済がいかに「逆発展」したかについての決定的な研究を発表した。グロリア・エマソン（1909―2004）は、賞を得ているジャーナリストで、小説家でもあり、ガザの人びととのあいだで１年をすごした。

しかしサッコが、パレスチナ被占領地区の生活の、たぐいまれな描出者になっているのは、最終的には彼の真の関心が、歴史の犠牲者たちにあるからである。私たちが読むコミックスの大部分が、ほとんどきまりきってだれかの勝利で終わっていること――悪に対する善の凱歌、正義の味方による不正者の敗退、もしくは若い恋人たちの結婚で終っていることを思いおこしてほしい。スーパーマンの悪人たちはほうり出され、二度とその消息はきかない。ターザンは悪い白人の陰謀をくじき、彼らは屈辱のうちにアフリカから追いだされる。だがサッコの『パレスチナ』は、まったくそれとは違っている。彼が（一時的に）住む地区の人たちは、歴史の敗者であり、多くの希望も組織もなく、周辺に追いやられ、元気なくさまよっている。ただあるのは一途な不撓不屈の精神、ほとんど語られることのない前進への意志、自分たちの物語にこだわり続け、それをくり返し語り、彼らを一掃しようとする企てに抵抗する気持ちのみなのだ。抜けめなくサッコは、好戦的なやりかたには不信を抱いているようだ。とりわけ集団となって絶叫し、スローガンをかかげたり旗を振ったりするような行為に対してだ。また彼は、嘲笑の対象とされたオスロ和平合意に類したような解決を示そうともしない。苦しく不正な運命のもと、パレスチナ人は、あまりにも少ない人道的政治的関心のなかで、とほうもなく長いあいだ不当にあつかわれてきた。サッコのコミックスは、読者をこのような人たちのあいだに、じゅうぶんな期間滞在させてくれる。サッコの作品は、私たちが耐えきれずに、キャッチ・フレーズや嘆かわしくも見えすいた勝利と充足の物語に傾いていくことがないようにしてくれる。そしてこれこそが、恐らく彼の最大の功績なのである。

※エドワード・W・サイード（思想家・詩人・音楽家）は1935年11月１日エルサレムで生まれ、2003年９月25日、ニューヨークで亡くなった。

『パレスチナ』完全版への作者のまえがき

　この本は、『パレスチナ』というコミックブックのシリーズとして、計9冊刊行されたものを初めて全1冊にまとめたものである。これにさきだって、2分冊の単行本としても刊行された。ほとんど10年まえの1991—92年の冬、占領地区に2か月過ごしたあとで、私は『パレスチナ』を書き描いた。その滞在後に、「和平交渉」が始まり、いくつもの合意や合意に近いものがなされ、なかには「突破口だ」とはやしたてられたものまであった——またイスラエル人がひきあげた地域のどこかにヤーセル・アラファト率いるパレスチナ暫定自治政府が樹立されるなどしておおいに盛りあがった。ノーベル平和賞も授与されたが、パレスチナ難民の帰還や彼らへの補償、不法なユダヤ人入植地、エルサレムの位置づけといった主だった重要問題は解決されなかった（入植者たちについていえば、何万という数で増え続けてきた）。しかし、こうした困難な点を見すごすとしても——そんなことはできないが——「和平交渉」は、1967年にイスラエルによって征服された地区になお住んでいるパレスチナの人たちに対して、なんら多くの現実的な利益をもたらしていない。実のところ、彼らの土地はなおもとりあげられているし、住居はなおもおびやかされているし、オリーヴの木はなおも引き抜かれているのである。彼らはなおも占領軍と占領軍にしばしば付随して武装している入植者たち（もしくはその反対か。その区別はしばしばつけにくい）にのさばられている。囲いこみと、イスラエルによるパレスチナ経済への長期にわたる締めつけによる持続効果により、パレスチナ人労働者とその家族の生活は、このコミックスが最初に刊行された時の状態よりもさらに悪化している。そのうえ、パレスチナ暫定自治政府の無能な管理と腐敗とが、不幸なないまぜになっていることをつけ加えなくてはならない。

　この本は、イスラエルによる占領に対しての最初のインティファーダについてのものだ。私が訪ねたころは、その勢いは衰えはじめていた。このまえがきを書いているとき、第2次インティファーダが起こっている。かんたんにいえば、イスラエルによる占領と、他の民族によるある民族の支配によって起こるすべての事態が持続しているからである。中心的事実であるイスラエルによる占領が、国際法と基本的人権上の問題としてとりあげられないかぎり、パレスチナとイスラエルの人たちは低次元な摩擦、自爆者や武装ヘリコプター、ジェット爆撃機による破壊的な暴力によって、互いに殺しあいを続けていくだろう。

ジョー・サッコ

2001年7月

エルサレムのイスラエル軍記念施設でのインタビューを中断して休憩しているところ。

『パレスチナ』についての想い

ジョー・サッコ

どうしてイスラエルとパレスチナの紛争に首を突っ込むことになったのかとよく聞かれる。実際、あまり何度も答えてきたものだから、とっくの昔に自分でも陳腐な言い草に思えてきたのだが、本当のことなのでここでもまたその答えを繰り返すことになる。「やむにやまれぬ思いを抱えてパレスチナ占領地に行った」というのが答えだ。つまり、パレスチナの人々の抑圧のいくぶんかを理解しはじめていたため、衝撃を受けて、身をもって行動しなくてはという思いでいっぱいになっていた。

世界にはもっとひどい不正義が存在していて、死体の山が築かれている場所があるとは聞いている。しかし離れたところにいる人々の苦しみに注意を向けるべきだという漠然とした義務感だけでなく、私の中では二つの点がくすぶっていた。一つは、私がアメリカの納税者で、私の金が占領を長引かせるのに使われている点。二つ目は、私はオレゴン大学のジャーナリ

ズム学科を卒業したのだが、アメリカのジャーナリストがパレスチナ問題を報じる時の恐ろしいというべきほどのお粗末さにあきれかえっていることだ。

一つ目に関しては、おそらく皆さんもご存じだと思うが、イスラエルは、アメリカからの財政援助を他のどの国よりも多く受けている。直接的にも間接的にもイスラエルの土地収奪まがいの入植計画やほかのもろもろの残酷な占領政策に、資金を提供しているというのが昔も今も私は気にくわない。

しかし、二つ目の点である、アメリカ人ジャーナリストについてのほうがよほど癪に障る問題だ。というのも私は彼らを見習おうと必死に努力してきたのに、この件についての彼らの仕事は足りないところだらけで、恥ずべきものだということがわかったからだ。彼らは何ひとつ教えてくれなかった。新聞を読み、テレビのニュースを見ていたにもかかわらず、パレスチナ人と

はどういう人たちなのか、彼らの闘いは何についてなのか、大学を出るまでさっぱりわからなかった。実際、この本の中で詳述する通り、私はパレスチナ人をテロリズムと結びつけていただけだった。将来、私についての記録を書く人がいたら、私が高校時代に始めた「嫌な奴さん、いらっしゃい」というマンガ作品——その初回のゲストはヤーセル・アラファトだったのだが——に出くわすことになるだろう。主流メディアを通して知りえたこと以外にアラファトについて何も知らなかったので、彼のことをそんなふうに簡単に悪者扱いできたのだ。

「イスラエルは狂ったアラブ民族に囲まれて苦境に立つ罪なき弱者だ」という世の中に流布している概念に、私が初めて疑問をもつようになったのは、イスラエルによるベイルート爆撃（この爆撃には、「自衛」目的に限ってアメリカが供与したはずだった特定の爆弾が使われた）や、それに続く1980年代初頭のレバノン侵攻のころだった。サブラとシャティーラの難民キャンプにおける大量虐殺では、イスラエルによって封鎖された地区で、イスラエル侵略軍と協力関係にあったキリスト教民兵組織によって、何百人もの無防備なパレスチナ難民が殺された。この事件で私は、世界におけるこの地域での力関係が、今まで自分が理解させられてきたようなものではないと、初めて気づいた。

そこで、アメリカの新聞以外も読むようになった。クリストファー・ヒッチェンズとエドワード・サイードによって編集された『犠牲者を非難する』、サイードの『パレスチナ問題』、ノーム・チョムスキーの『運命の三角形』に、私は信頼をおいた。これらの本は、ものすごい勢いで私を教化してくれた。他の書物も、理解の隙間を埋めてくれはしたが、これら3冊の本は私を欺瞞（ぎまん）から目覚めさせてくれた。要するに、これらの本を読むまで、私は自分のことを頭がよく、比較的見聞の広い人間だと思っていたのだが、自分が知らなかったことや知らないことに、まったく愕然（がくぜん）としたのだ。

その後、職業として通常の新聞や雑誌のジャーナリズムに就くことはやめた。メディアへの懐疑心からではなく、ただ単にわずかでも満足のいくジャーナリズムの仕事を見つけられなかったのだ。マンガを描くという生涯の情熱に立ち戻り、その道で生計をたてることにしてベルリンに移り、コミックブックやロックバンドのポスターの仕事をした。しかし、パレスチナ問題への興味はずっと持ち続けていて、この問題——おそらく占領の物語あたりになるだろうか——に人々の注意を向けるためにコミック媒体を使うというアイデアを、漠然と考えるようになった。人権状況をマンガで伝えることも考えたが、それだと法廷証言のようになるうえ、情け容赦もないほど悲観的な（しかも面白味のない）言葉と絵になってしまいそうだった。

ある時点で私は、自分で占領地に行こうと決めた。自分の体験をマンガにできるだろう。第1次インティファーダの衰退期での私の経験を綴った、いわばイラスト入り旅行譚（たん）だ。人々にインタビューをし、起こった事実を記録し、日記をつけるのだ。それ以外は、これから何をどのようにしようという明確な考えはなかった。後に深く考えもせず「コミック・ジャーナリズム」と呼ぶようになる形式について、理論を発展させていたわけでもなかった。

手筈（てはず）を整え、1991年から92年にかけての冬の約2か月半、イスラエルとパレスチナ占領地への旅に出かけた。その後ベルリンに戻って、他のコミックスの仕事をすませ、数か月後にアメリカに帰国した。

『パレスチナ』を出してくれる出版社を見つけるのは難しいだろうと思ったが、『Yahoo（ならず者）』という私の売れていないシリーズ物のコミックを出版してくれているファンタグラフィックス・ブックスが躊躇（ちゅうちょ）することもなくこのプロジェクトに乗ってくれた。こうして『パレスチナ』は当初24頁か32頁のコミック冊子として、1993年初頭から95年末まで数か月ごとに出版された。

『パレスチナ』が私の代表作と考えられるのは、おそらく避けられない。私をコミック・ジャーナリズムの道につかせたのだから。コミックブックのアーティストとして（的外れなマーケティング用語である「グラフィック小説家」などという言葉を使うのはまっぴらごめんだ）、以来もっと多方面にわたるノンフィクション作品を書いてきたと自負しているが、私にとって、『パレスチナ』はおそらくもう二度と繰り返すことができないほどの推進力を保持し続けている。私の仕事は、以前よりも自意識の強いものになった。自分がしていることに、私は前よりも注意深くなっている。以前のような無責任な私ではないのだ。

　一例を挙げると、作画への向き合い方も進化した。『パレスチナ』の最初の数十頁は（コミック業界でいうところの）「ビッグフット」スタイルで描かれている。その表現は、描いているアラブ人やユダヤ人への軽蔑を表しているわけではなかった。ただ単に、当時は人物をそのように描いた。具象的に人物を描く訓練をちゃんと受けたことがなかったし、それどころか、それまで正式に絵を描く訓練など、まったく受けたことがなかった。たとえば、パレスチナ系アメリカ人の劇作家が創刊号をひと目見るなり、びりびりと引きちぎったという話を耳にしたが、驚くにはあたらない。描画は提示しようとする題材の重みを反映するものでなければならないと気づいたので、ゆっくりとではあるが、確実にペンから高次のリアリズムがほとばしるようにした。自分の「マンガっぽい」タッチを捨て去ることはできなかったし、失うことも決して望まなかったけれど。

　『パレスチナ』についてのもっと厳しい批評は、それがパレスチナとイスラエルの紛争を、一方的な見方からでしか語っていないというものだ。それはこの本についての正しい評価だが、私はそんなことで動じたりしない。イスラエル政府の視点は、アメリカの主流メディアで十二分に示されていて、アメリカ合衆国で重要な公職に就いているほとんどすべての人間によって声高に、また競うように喧伝されている。『パレスチナ』は、第1次インティファーダ（民衆蜂起／1987〜92年）の時期に占領下でパレスチナ人が経験したことを示そうとする一つの取り組みであった。その後、第2次インティファーダ（2000〜05年）が起こり、紛争はとんでもなくエスカレートしてしまい、何百人ものイスラエル人と何千人ものパレスチナ人が殺された。

　イスラエルは、セキュリティ・フェンスと呼ぶもの（実態は分離壁）を建設しはじめた。しかも、西岸地区との1967年の国境に沿ってではなく、パレスチナの人々が将来自分たちの国になると思い描いている場所に。イスラエルは2005年にガザ地区から入植者と軍隊を撤退させたが、ガザの国境と領空に対する支配を強く主張し続け、実際に罰を受けることもなくガザを攻撃した。2007年にはイスラエル、アメリカとヨーロッパの同盟国が、民主主義的に選挙で選ばれたハマス政府を孤立化させ、崩壊させようとしたために、死者が出るほど激しい衝突がパレスチナ内で起きた。そして抵抗運動の亀裂へと発展し、ガザ地区と西岸地区という2つの自治区が別々に統治されることになった。それは、最近のパレスチナの歴史で新たに加わった最悪の状態である。しかし悲しいことに、まだ底は深まりそうだ。

　イスラエルとパレスチナの間の紛争は、どんな形でも、どんな様式であっても、占領が続く限りは終わらない。本書は、当世風の暴力的で、ドラマティックな展開に比べれば穏やかに見えるに違いないが、この占領の本質に迫っている。さらに、この本は客観的ではない。もし客観性という言葉が、「真実は明らかにされないとしても気にせず、双方にそれぞれ主張させる」というアメリカ的なアプローチをとることを意味するならば。私の考えは、自分で体験し感じたことを正直に伝えることにあり、客観的な本をお届けすることではない。

2007年7月

インタビューノートの一部。時には後で参考にすることもあろうかと、スケッチを加えたりした。この絵は、第6章で取り上げた人物や場面に関連している。

「現場で」取材する

　私は、パレスチナの人々と過ごした短い期間に起こった出来事を、いろいろな方法で記録した。昔ながらのジャーナリスティックな手法で多くの座談形式のインタビューをやったが、それは基本的に私が質問をして、ノートに答えを手早くメモするというものだった。さらに日記を律儀につけていて——時間さえできれば書いたが、たいていは夜だった——、その日に行ったインタビュー以外の、いうなれば事件や印象、出会った人、何げない会話などをすべて書き留めておいた。

　今回の増補分では、私の日記からの抜粋を含めて、「現場で」の私の仕事のやり方を明らかにし、『パレスチナ』の特定の頁に関して、その背景を説明している。とりわけ長めの内容となる本章は、私の第一印象が『パレスチナ』のマンガによる説明とどう違うかをもっとよく知りたいと思う読者のために入れたものである。

　日記の抜粋は、その時の私のフラストレーションやナイーブさをもあからさまに表している。不慣れでいくぶん危険な場所での、私にとって初めての本物のジャーナリスティックな経験

だったが、それが伝わってくる。

　日記から引用した場合、スペルの間違いを訂正したり大きな文法上の誤りを直したりはしたが、ほとんどは日記の抜粋を意識の流れに沿って書くやり方で「そのまま」残した。その書き方は、長い1日の終わりや時間に追われているときに慌ただしく重要なポイントを押さえて書くのに役立った。

　念のためいうと、私は緊張していた。それまで中東に行ったことはなかったし、イスラエルに直行便で入るのも心配だった。ベングリオン空港で入国目的を聞かれて、コミックを書くつもりだと白状する羽目になり、帰国便に乗せられるのではと妄想して心配になった。そこでまずはカイロに飛行機で行き、エルサレムまでバスで移動しようと決めた。当時はそのような旅がまだ可能だったし、陸路で行くほうが国境での質問は少なくてすむだろうと考えたのだ。それは馬鹿みたいに遠回りのルートだったけれど、過度の緊張を和らげてくれた。

　1991年の12月半ばに、私はベルリンからカイロへ飛行機で向かった。空港でエジプト人の

銀行の窓口係に、たちまち法外な金を取られた。25エジプトポンド札の両替を頼んだところ、彼は自分のポケットに手を入れて、25ピアストル（1ピアストルは1エジプトポンドの100分の1）を渡してよこした。あとでわかったことだが、タクシー運転手（彼にもぼったくられた）にチップを渡そうとしたとき、25ピアストルは数セントの価値しかないと教えられて大いに困惑した。カイロでのみじめな体験はこれで終わりではなかったけれど、間抜けまるだしでふるまっていたので、自業自得というものだ。

例をあげると、それから数日後、『ナショナルジオグラフィック』誌の取材の手伝いをしたことがあるという男と知り合い、彼が案内を申し出てきた。間もなく、ふたりで迷路のような裏道で大麻を吸い、「東洋のタフガイ」のような気分でいたが、ふと我に返るとあまりにも大麻に陶酔してしまい、ホテルまでの道がわからなくなっていた。私は連れの男を──時々刻々と強面（こわもて）になっているように見えたが──何とか説得して、ホテルまで案内させた。彼はその夜また姿をみせて、実は姉が突然病気になり急遽（きゅうきょ）手術をうけることになったので、お金を都合してほしい、と頼んできた。

ぼくは彼に「君のいうことなんて信じないよ」といった。彼は「泣き言なんぞいいたくないが、心の中では泣いているんだ。俺は誇り高い男なんだから」と応じた。そして「君は俺の友達だから担保として持っていてもらいたいジャケットとペンを持ってきたよ。150ドルの値打ちになる」といった。ぼくは「そんなもの、通りに投げ捨てちまえ。お前のことなんか信じちゃいないよ」と彼にいい、「エジプト滞在以来ずっとカモにされっぱなしで、どいつもこいつも友達だといってはばからないが、なのに結局ぼくが金を払う羽目になるんだ」と加えた。彼は「お願いだから俺を信じて」といい、ぼくは「信じない」といい、彼は「俺は君の友達だ」といい、ぼくは「なんでお前はぼくのことを友達だなんていうんだよ、ぼくはお前のこと信じちゃいないのに……」といった。

でも、私は彼に50ドイツマルクをやった。そんな余裕なんてないのに、ただ追い払いたいためだけに、やった。今でもこのエピソードを振り返ると後悔するが、私がエルサレム旧市街で怯（おび）えた顔つきの商人たちに出会う頃にはすっ

かり精根尽きはてた状態になっていた理由が、わかっていただけると思う。

　あいにく私は貧乏旅行をしていたので、金銭の問題がこの旅行に大きな影をおとしており、硬貨1枚を使うのさえ悩むほどだった。エルサレムに着くとすぐに、旧市街の格安ユースホステルに泊まることにした。そこで私は、1つの部屋を入れ替わり立ち代わりする3人から5人の旅行者とシェアすることにした。プライバシーの欠如は、メモを整理したり日記をつけたりする助けにはならなかったが、寂しくならずに済んだ。

　特にオーストラリア人のジョンは、陽気な雰囲気を作ってくれた。歴史的な聖地に出かけて戻ってきたときに、その旅をこんな風に説明した。「マサダだって？　蛇みたいにくねくねした道を登っていって、廃墟（はいきょ）を見て、写真をとって、それでおしまい」。それから彼は私を脇へ呼んで、ふたりのイギリス人女性を指し示しながらいった。「ちょっと聞いてくれないか？あの子たちは俺がお嬢ちゃんと呼んだからって、俺を女性差別主義者だっていうんだ」。

　ホステルの主人のマームードとはすこぶる気が合って、私が長期滞在だったこともあり、宿泊費を割り引いてもらう代わりに1、2度フロントの番をたのまれるほど信頼されていた。マームードは、1年前の湾岸戦争中、イラクがスカッドミサイルをイスラエルに撃ち込んだとき、弾頭に毒ガスが装着されている場合に備えて人々が「シェルター」を作った状況について語ってくれた。私は日記にこう記した。

　マームードはエルサレム周辺にミサイルが10発撃ち込まれたといった。ホステルには1つだけシェルターがあり、「熱狂的キリスト教徒のグループ」がその部屋に居座って世界の終わりを望んでいた。ガスマスクはしていなかったけれど。

　エルサレムに着いたとき、私はパレスチナ関

連の事柄を扱っている非政府機関やインフォメーションセンターなど、いくつかの住所を携えていた。最初の数週間というもの、私の手をとって協力してくれる人を必要としていたので、誰か手伝ってくれないかと私は必死に歩き回っていた。幸運なことに、多くの親切な人たちが手伝おうと心を砕いてくれた。次から次へと紹介が舞い込んで、驚いたことに扉がいつも開いているように思えた。

　アン・ナジャフ国立大学の教授の名前程度しか知らずに、今日はナブルスに行った。バスを見つけてゲートを通った。そこで身分証明書を見せるようにいわれたが、名前だけで通してもらえた。管理棟の中にある、女性が3人いるオフィスに通されるまであちこち連れ回されたが、その女性たちは「取材がおのぞみでしたら、誰でもあなたをお助けできますよ」と断言した。「私たちは何をしてさしあげればいいですか」とその中のひとりがいった。

　会話の出だしは往々にして一般的なものだったが、話していくうちに、本を組み立てるためのテーマはまたたく間に出来上がっていった。たとえば、ベツレヘム大学で私のために開いて

私が描いた物語のほとんどは、予定も約束もしていなかった偶然の出会いから生まれたものだ。基本的に偶然出くわした場面——たとえば、イスラエルの入植者がシルワンの村で何軒もの家を無理やり立ちのかせて奪っている場面とか、パレスチナの女性たちがパレスチナの男たちの強制送還に抗議している場面とかだ。じきに私は物事が起こるがままに行動し、人々や出来事が私を連れていくところに身をまかせることができるようになった。もちろん、この駆け引きに慣れていなかったし、時にはおそらく過度に用心深くしすぎた。事態が危険になるときはいつも、たとえばラマラでは、まず逃げることにしていた。

突然、爆発音がして、軍用ジープがアラビア語で何かをアナウンスしながらやってくると、人々は立ち去り、足を速め、店を閉めてシャッターを下ろした。兵隊がジープからM16ライフルをかまえて続々と降りてきた。

くれたミーティングで、刑期をつとめたことがあると語った若い男子学生がいかに多いかに衝撃を受けた。すぐに私は、パレスチナでの暮らしにおける「逮捕や拘留の重要性」を理解しはじめた。刑務所での話は何度も何度も話題に上り、それは『パレスチナ』の中に十分すぎるほど反映されているのではないかと思う。それから2週間後、ガザからエルサレムに向かうタクシーで、ある若者の隣に座った。

その青年は、イスラエルに入国するのに必要な許可証を持っていなかったため逮捕され、収監される可能性があるという。彼は投石をしたかどですでにアンサールⅢ（パレスチナ人を収監するためのイスラエルの刑務所）に2年間収監されたことがある。この期に及んでは、私もアンサールⅢなど驚きもしなければ、ほとんど興味も覚えなかった。（249頁参照）

その辺の男に「何が起こっているんだ」と聞くが、彼にもわからないようだったので、タクシーのいる場所を尋ねた。タクシーが見つかったので「エルサレムまでやってくれ」といって飛びのった。そう、その通り。ぼくの冒険の旅は、人々が走っていたり、兵隊が警戒態勢であったり、爆弾が炸裂したりしているのを目にしたら、すぐに終了だ。ぼくはそこから出たかった。エルサレムに着くと、ささやかな贅沢でスニッカーズを買った。1シェケル半だった。(117〜118頁参照)

もしタクシーで西岸地区の町へ行けば、すぐに誰かしらが気づいて近づいてくるだろうことはわかっていた。私はただ単純にパレスチナ人のホスピタリティーを頼りにしていた。彼らは、私を手伝ってくれる人たちを見つけてくれる。いつも私の思い通りに運ぶとはかぎらなかったが、たいてい結果的にはうまくいった。

国連が設置した青いゴミ分別所のところから通りを横切って、カランディア難民キャンプにふらりと入ったら、パレスチナの若者の一団に会った。彼らに英語を話せるか尋ねると、怪しんでいるようで、ちょっとおかしな男を連れてきた。彼ときたら、英語を理解しているといいながら一言も話せなかったし、

周りの人々にヘブライ語を話せるかどうか聞いている始末だった。彼が波乱を起こしそうなので、イタリア語で「英語だよ。英語」と割って入らなければならなかった。その通り。あんなところで殺されたくなかったんだ。この一件で、みんなもっと怪しみはじめてしまった。誰もわざわざ手を貸してくれそうになかった。でも最終的にそのおかしな男はぼくを道の向こう側に連れ出し、ある家族に会わせてくれた。そして「英語を話す息子がいるから待っているように」といった。そこでぼくらは座って待つことにした。家族はいい人たちで、ぼくにお茶を入れてくれた。

乗り合いタクシーやバスは、マンガのネタを探すのにもってこいの場所だった。車体を長く改造したメルセデスベンツの中で始まった相乗りの乗客との会話は、そのまま喫茶店に入って続きを聞き、その後夕食に招かれたこともあった。本には収録しなかったが、たとえばこんなエピソードがあった。余裕で1章仕立てることもできたであろうほどの話だ。

ベイト・サファー行きのバスの中で、ベツレヘムに戻ろうとしている数人のパレスチナの人たちと会話を交わした(午前9時30分)。エルサレムで臨時労働をしようと3時

地で生きられないのなら、占領地で死ぬよ」といった。「土地はいのちだ」とおしゃべりな男がいった。銃を撃ったことがあるといったあとで、もう一言彼は「石だけではなく、もっと期待のもてるものがある」と付け加えた。「彼ら（パレスチナの抵抗勢力）は爆弾だって何だって持っているよ」と。

私は滅多に一対一のインタビューという贅沢には恵まれなかった。私に開かれていた扉は、みんなにも開かれていた。取材メモは、嵐を思わせるような活況の真っただ中で取ることが多かった。似たようなことはよくあったが、ある時、アン・ナジャフ国立大学の学生会長と一緒に話し合っていたときのこと——。

ぼくたちは椅子に座っていた。他の数人もいたが、学生会長も一緒で、デスクをはさんで向こう側にいた。引き戸が開いたり閉じたりして、人々が顔をのぞかせる。お茶が行き来する。大声で壁が振動する。学生会の政治組織について議論中だったのだ。とかくするうちに、決定をくださなければならなくなった。12人がパレスチナから追放されるため、ゼネストについての話し合いをしている。本当は今日だったが……ニュースが届くのが遅かったから、人を集めてゼネストを実行する時間がない。だからたぶん明日なら。そうしていつものように、何をすべきか確信を持っている人は誰もいない。

インタビュー中はたびたび数人が加わってきて、元に戻すことができないほど脱線したり、私が考える真摯な答えが得られなくなったりす

間かそこら待っていたが、今日は仕事にありつけなかったという。どちらにしても彼らには正式の労働許可証などない。取得に相当金がかかるから。彼らは「許可証を取るための金をどこで手に入れたらいいんだよ」という。結局、彼らは仕事をしない。大学に行く金もない。状況はいつだって苦労ばかりだけれど、今は移住してきたロシア人が、以前にはパレスチナ人がしていたちょっとした建設などの仕事を取ってしまう。ベツレヘムに仕事はないのかって？　ないさ。彼らのうちのひとりは大家族で、父親は1日40シェケルでやりくりしなくてはならない。和平プロセスを鼻で笑い、「どうやってハナン・アシュラウィ（当時マドリッド平和交渉に関わっていた著名なパレスチナ人）が俺の気持ちを代弁できるってんだ」とひとりがいった。彼女にはすでに教育もあるし、家もあれば車もあるが彼には何もなくて、ひもじい思いをすることを心配しなければならない。彼らはかなり辛らつだ。隣に座っていた男はふたりの友人がインティファーダで殺されたといい、他の男も友人のひとりが殺されたといった。「もし自分の土

ることがあった。

夜になってまた話し合いをしたが、自由な議論ではなかった。ここでの話し合いの多くがそうであるように、まわりにあふれるほど人がいて、意識的または無意識に発言を規制する。そして政党の路線を自らすすんで喧伝するため、質問に答えてもらえなくなる。今朝もこんな風だった。質問は単純なもので、ファタハ（PLO［パレスチナ解放機構］の中の大きな党派）について進んで発言してくれる人に向けられた。「もしファタハが和平プロセス路線に沿って進み続けるなら、それに常に反対してきた人民戦線やハマスなどの諸党派と問題が起こると思いますか？」という質問だ。しかし彼の答えは本筋から2本分くらい、道筋がずれていた。つまり政治とインティファーダという二つの異なった闘いからはずれた答え方をした。「必ずしもインティファーダをあきらめずに、和平プロセスを承諾する」などなど。ありがとう。立派な答えだ。でも君たちはぼくの質問にちゃんと答えていない。それから昨日、ある老人に1948年の体験談を聞いた後で、彼らは二度銃撃に遭って半身不随になった男を呼びにやった。ぼくは彼がコミュニティのみんなにどう見られているのか尋ねた。ある人（ただぶらぶら時間つぶしをしている大勢の中のひとり）が、

「ぼくらはおまえを尊敬しているよ」といった。「尊敬されてるよ」とその男もにこやかにいった。確かに彼らは彼を心から尊敬しているかもしれない。だが、もし自分を英雄だと感じる思いが彼の中で少し薄れてきたとしても、そして傷を一生ずっと負ったまま生きていかなければならないという考えが彼の頭をよぎったとしても、あんな風にみんなが聞いているところでは私に本音をいわなかっただろう。いえなかっただろうし、いおうともしなかっただろう。（205頁参照）

率直な答えが返ってきたと感じたときには、有頂天になった。ガザ地区にいたひとりのティーンエイジャーは……

ようやく気分が乗ってきて、とても正直に

朝、通りに出て兵隊がいたら戦って、学校には行かない

インタビューに答えてくれた。ぼくの旅における　ほとんどターニングポイントといってよい出来事だった。このインタビューを境に、その前後のインタビューには違いが見てとれた。なじみになった陳腐な答えとは違う地点に、ついに到達した。まことに、Ｆ君は多くの点で恐れを知らない。彼はたとえば「もし学校に行く途中で兵隊を見かけたら、学校へは向かわずに戦う」などということを認めさせない、何よりも優先されるプロパガンダの枠組みにとらわれていない。他のパレスチナの若者は、教育を受けるべき時間だとかインティファーダの時間だとかの話をする。まるで学校のベルが鳴ると本を閉じて、石を拾う感じだ。でもぼくはそんな話、信じない。ぼくがここで会った奴らの中には、時々ぼくに見せてくれる銃創よりもこの悲惨な状況を雄弁に物語ってくれる、心に重い傷を抱えた人たちがいる。彼らがそんな話したって、ぼくは信じない。（196～201頁参照）

『パレスチナ』の中で示したように、立場が逆転し私のほうが質問攻めにあうことが一度ならず、あった。ある場面で――ガザ地区の弁護士事務所でのことだが――数人の男たちが「ジャーナリストがいることでパレスチナの人々にとって何か得になったのか」と怪しんでいるようすで私を責めまくってきた。マンガに描いた説明では、私は無言を通しているが、現実には、彼らの詰問に応えなければならなかった。

　ぼくは、答えを持ち合わせていないといった。本当に答えがなかったのだが、ベイルート以来、インティファーダ以来、世論はゆっくりと変化してきていた。彼は「だから何なんだ？　何が変わったんだ？」といった。そして、ぼくは自分がアメリカ人の見方を弁護し、さらにはアメリカ人の鋭くはないが安定した知性を売り込みさえもする、という気ま

ずい立場にいることに気づいた。なぜなら、それが自分自身を正当化でき、ぼくがここに来たことを正当化し、ぼくが彼の貴重な時間を取り上げたことを正当化できる唯一の方法だと思ったからだ。

　彼らは報道の自由について知りたがった。見たことについて書けますか。はい、書けます。でもそれは、主流メディアの報道内では無理だろう。ぼくは、アメリカにおいてコミックスが深刻に受け止められていないことを伝える熱意も気概もなかったが、「少数の人しか読まないだろう」とは確かにいった。「ということは、君たちには報道の自由はないんだね」と彼はいった。ぼくは「報道の自由はあるけれど、経済的事情やテーマが特殊なため、ぼくのマンガの市場規模は限定的なんだ」と返した。そして、ぼくのここでの活動に対して最も粘り強く、かつ疑い深い目を向けている人物からの昼食の申し出とともに、インタビューはお開きとなった。（161～162頁参照）

is rising, some rounds are fired off, more running, but then they're milling about again, and suddenly they're running and throwing stones, past the bus, over the bus, there's more gunfire, tat-tat-tat-tat-tet, those who've thrown are running, others are throwing, the last one a girl, things seem to quiet, I'm hanging out at a small cafe or juice bar, some of the shebab are tearing right past me, it's quiet, a jeep comes from the other end, caught in a jam, a stone or two land close by, it gets out of there, comes back again, right by, past the bus, a youth throws a stone over the bus in their direction, a teenaged girl throws another for good measure, the bus is moved, a couple of soldiers, one of them a Yemenite, comes down the road, they're checking some of the shops, keeping their eyes peeled, their M-16s are ready to go, they back out, a couple of army vehicles have joined up, the soldier stop a guy with a bicycle, they make him put it down, he's being question, a soldier has another youth, he puts him into the back of the truck, the show appears to be

I'll be in Jerusalem, out of the war zone, what a relief, we aren't stopped at the checkpoint ahead, back to the quiet of Jerusalem, but there I find the soldier making a vendor empty out his barrow of meat, you never really leave it behind.

I stop at the hostel, I head for Bethlehem. I see Jad, I'm now in Manger Square, what an eerie place, a Christian choir over the megaphones, a deserted square except for soldiers, the old tourists trying to get through the security check to the Church of the Nativity. What a land!

Jan 19, 1992

Spent the rest of my time in Bethlehem walking around with a guy named Issam. Then to Beit Sahur, I met Ghassan, not for much info, really, we had coffee, I forgot my umbrella, missed the last bus, paid 23½ shekels to get back to Jerusalem. A disaster! Yes, indeed. But life goes on, despite my ruinous financial situation

毎日の出来事を記録していた日記。ここには、おおむね起きたこととかインタビューとまではいえない会話が書かれている。

メモからの抜粋

21〜24頁

オリーヴ山まで散歩していると、最初はふたり、あとから三人づれになったパレスチナ人の少年たちに出くわした。彼らはエルサレムとオリーヴ山の間にある谷まで、ザカリアの墓がある墳墓群を見るために下っていかせたがった。最初彼らは「ユダヤ人か？」「こっち来る？　こっち来る？」と尋ねてきた。「そこへ降りるの？　うそだろ！」とぼく。「そうさ！　行こうよ！」といって「ユダヤ語、しゃべる？　ユダヤ語、しゃべる？」と聞いてくる。彼らはぼくに墳墓群を見せながら「いいだろ？　いいだろ？」といった。そしてまた、「ユダヤ語、しゃべる？」と聞くので、ぼくは、きっぱりと「しゃべれない」といった。「シャロームとキブツとクネセットぐらいは知っているけどね」とぼく。するとワリードという少年が「ユダヤ人問題」についてぶつぶついいはじめた。彼はシルワン出身だが、シルワンにあった家はユダヤ人入植者にとられてしまったという。彼はある家を指して自分の家だといった。兵隊に殴られたという。

「家へ来たのか？　やつら何ていった？」と聞くと、「出てけ！　出てけって！」。「今どこに住んでるの？」と聞くと「彼のところ」といって、友達を指さした。「ユダヤ人め！」と唾を吐きながらいった。彼はある小道にぼくを連れていき、丘を指さした。「家だ。ユダヤ人の」。それは、入植地だった。

それから彼と連れのふたりはぼくを泥だらけのオリーヴの森へと案内し、鳥を指さした。突然彼らはオリーヴの木々の間の椰子の木に向かって石を投げつけた。つまり、的あてをしていたのだが、石を拾うのに忙しくて鳥が飛び去ったのに気づかなかった。しかし、彼らの石は次々と的をねらって投げられた。三人とも、本当に見事な石投げができた。みんなで崩れた壁に座ると、ワリードが「金」といった。「金？」というと、「10くれ」。「10シェケル？　君たちはぼくから金をとる気なのかい？　ぼくたち、友達のはずじゃ…」とぼく。「おれたち見せた。おれたち見せた」「でも金がほしいとは思わなかったんだ」。まいったな。考えた末、3シェケル半を出した。「ダ

そして…

木の上に鳥がいる！

男の子たちは石をひろう

鳥の頭をふっとばすのか

鳥たちは飛び去るが、
ふたりは気づかない

だが、ふたりはやめない

石をひろい

投げる！

ひろって

投げる！

ひろって

投げる！

ひろって

投げる！

メ、ダメ」彼らは受け取らずに、コインを持つぼくの手をとじた。ぼくの財布をたたいて、「10だ。ぼくに5、こいつに5だ」「あのね、そんな金、もってないんだ」。しかし、彼らは通せんぼをし、3シェケル半を受け取ろうとしない。「10だ。10。おれたち見せた！」「こんなのフェアじゃない」とぼくは悲しげにいった。あと数シェケル、できれば3シェケルほどないかとポケットを探した。あの投石を見せられたあとで、背を向けて立ち去るものか。冗談じゃない。ぼくが出したものを彼らが受け取ってくれてラッキーだった。立ち去ろうとすると、「おれたち悪い？ 悪いか？」とワリードが尋ねた。彼が悪いなんてぼくにいえると思うか？ 「いいや、お前たちは悪かあないよ。君たちが案内を買って出る前に、金について話しあっておくべきだっただけさ」。そうさ！ 彼には伝えた！ それから、ぼくはオリーヴ山の急な登り坂をあがったが、頂上でちびグループがシェケルをねだりに走って追いかけてきた。ひとりの少女はとてもしつこくて、ぼくのカバンをたたいたり肘（ひじ）にしがみついたりした。そして今も自転車に乗ったチビが同じことをしたばかりだ。

　私はこの出来事が起きた後すぐに、（あまりはっきりとは覚えていないが）おそらくオリーヴ山で一息入れている間に、このエピソードを書いたにちがいない。マンガ版では、三人目のパレスチナの子どもは省いた。エピソードの中盤で現れて終わり近くで姿を消したようだったので、彼の出入りを説明するとストーリーの力を弱めると思ったからだ。

29〜33頁

　飼っている牛から搾（しぼ）ったミルクを売っている屋台商人に話しかけると、彼はビニール袋に入ったミルクをくれて、「おれの牛だ。おれの牛だよ」といった。いつもの通り片言の英語を使って話したのだが、まず、ぼくがナ

ブルスで何をしているかを知りたがった。それからぼくが彼の国をどう思っているか。彼のいっていることを理解するのにはちょっと難儀したが、基本的には彼は何度も何度も「平和を望んでいる」といい、ぼくがクリスチャンかどうかを聞いた。彼はもちろんムスリムで、「コーランはいい本だ」といった。彼はエルサレムのアル・アクサ・モスクを訪れたいと思っていたが、察するところ、実現はおぼつかないようだ。彼はジャッファにいる叔父を訪れるために許可証が必要だったが、2時間超過しただけで兵隊に捕まって2日間牢（ろう）にぶち込まれ、350シェケルの罰金を課された。同じ理由でエルサレムを訪れるのは不安なのだ。

彼は、自国民が死ぬのも、ユダヤ人が死ぬのも望まないという。誰かが殺されたと聞くと、悲しくなる。当然、私たちの短い会話はちょっとした人だかりを呼び込んだ。あごひげをはやし、多くのパレスチナ人と同様「ようこそわが国へ！」といってくれた行商人が、私の隣にいた16かそこらの若者のことを「こいつは5回も射たれたんだ。5回だぜ！」という。「プラスチック弾で？」と私は尋ねる。まるでマルタ語で話しているように、「おい、プラスチック弾なのかい？」と。4発はプラスチック弾で、1発は実弾だ。額の傷を見せてくれたが、毛の生えぎわにそってプラスチック弾の跡がある。別の男が袖（そで）をまくると、前腕の上腕に近いところには、なまなましい銃弾の傷があった。Tが前に進み出て片言ながらましな英語を話し、16歳の少年のために通訳を買って出た。

「病院にいる人たちに会いたいか？」。フォルクスワーゲンのバンに乗って、私の知らない6人で出かけることになった。ナブルスの丘をいくつも越えて小さな病院をめざす。形式上の手続きなどはなくて、バンから降りて階段に近づくと、16歳の少年がぼくの腕をとって、ほとんど引きずるように連れていく。

医者や看護婦を通り過ぎ、患者の家族たちが道をあける中、階段を上り、3台のベッドが満床の病室に入る。患者家族や見舞人から反対の声はなかった。脚にギプスをはめた患者が眠っていたが、同行した連中は、無造作にギプスがどこまであるか確かめるために毛布をはがした。公傷ってわけだ。その患者はもぞもぞ動いて目を覚まし、ぼくが真ん中のベッドの患者——この人も射たれていたが、ぼくにはどこかわからない——に話しかけている間、何かを食べていた。片言の英語でわかったのは、ベッドにいた3人のうち1人はバスの停留所にいたかバスに乗っていて、もう1人は仕事場から出てきたところだったということだ。片言の英語では、何が起きたか正確にはわからない。

写真を撮らせてくれというと、彼らは撮影のためにコフィーエ（スカーフ）を使い回しして巻いた。三つめのベッドには、首まですっぽり毛布にくるまっている男がいて、反っ歯で枕カバーには乾いた血がついていた。容体が良くなさそうだ。Tを介して、患者の母親が小腸と肝臓を射たれたと教えてくれた。患者は動いたが、たぶん薬を投与されていて明らかに苦しそうだ。「写真を撮っていいか？」と聞くと母親が息子に尋ね、断られた。私傷だ。

「子どもたち、見たいか？」「子どもたち？」。また腕をとられて先ほどとは別の廊下を引っぱられていく。ある部屋に入ると、そこには多くの女性がいて、小さな男の子——おそらく6歳ぐらい——が真ん中のベッドにうつぶせで寝ている。ドアから一番遠いところにあるベッドには、7歳ぐらいの小さな女の子がいる。「英語を話せる方いませんか？」と聞くと、看護婦が前に進み出た。少女は、脚の複雑骨折だそうだ。看護婦は立ち去り、少年の隣人で親戚の女性が、ぼくのために女の子の母親に尋ねてくれた。女の子はナブルス近くの村の校庭で射たれた。もうひとり男の子も負傷し、別の子は殺された。彼女はもう

彼女はしゃべりだす

なんていってるの?

もう1枚とってくれって

このエピソードの中で（他でもそうだが）、私が時々マルタ語でコミュニケーションを取ろうとしていたことに気づかれただろう。マルタ語はアラビア語に通じるところがある言語なのだが、そう流暢（りゅうちょう）に使いこなせているわけではない。

38～40頁

ぼくはイスラム教徒のツアーガイド、ジェブラとかいう男を雇った。彼は自分のことを信心深い男だといい、1941年からずっとツアーガイドをしてきたといった。彼はアブラハムやイサクや誰かれのセノタフ（記念碑）と族長たちの墓を案内するために、ぼくを中に連れていった。 ガイドは旧約聖書とコーランを引用し、はたまたマムルーク朝や原画についてすごく速くまくし立てる。ヘロデ王、偉大なる石、サラディン等々すべてが片方の耳から入ってもう一方の耳から出ていく感じだ。べらべらとすごい速さでまくし立てていたけど、丸暗記したに違いない。彼がイサクの埋葬された場所を案内しているときに5、6人のユダヤ人入植者が突然、ガイドをあざけりだした。

彼らは、ムハンマドという言葉を聞きつけて実に意地の悪い方法であざけった。その中のふたりが特に悪質で、ひとりはウージ銃を背中に担いでいる。やがてガイドのほうも怒って、ののしり返し、それがかなり大声だったため、カーキ色のズボンにブルーのジップ・ジャケットを着て大きめのマシンガンをもった男が止めに入ろうとした。彼はユダヤ人たちに頭を冷やしてほしかったのだが、ひとりがいうことをきかない。そこでぼくが横から口をだし、「聞いてください。彼はぼくに話しているんだ。きみにじゃない！ 彼はぼくのガイドなんだ」といった。彼らは立ち去った。「彼らは何といっていたんですか？」と聞くと「ムハンマドは預言者なんかじゃない。ムハンマドはインチキだとさ。わしはあの衛

70日間（？）も入院している。母親はかなり年配で、父親もしかりで、茶色のスーツを着て赤いコフィーエを巻いてベッドの足元に座っている。「写真をとってもよいか」と聞くと、母親が少女に尋ね、少女は承諾してくれた。母親は毛布をはがして、少女はカメラを見つめた。フラッシュが光ると、少女は笑う。近づいて見下ろすように立つと、少女が話しかけてきた。ぼくはアラビア語がわからない、とマルタ語で返す。英語がわかる女性に「彼女は何といっているの？」と尋ねた。「もう1枚写真を撮ってほしいって」。ぼくは愛おしくてとろけてしまいそうだった。母親も隣に入って、もう1枚写真を撮った。

英語を話す女性によれば、男の子は射たれたその日に病院に運び込まれたそうだ。射たれたときは、家で座っていたという。ぼくは立ち去る。ぼくに何ができるだろう。ラマラの市場で、ある人が8個のみかんをくれたが、そのみかんを、私は話していた女性の両手の中に押しつけた。それにしても奇妙だ。片言の英語では、若い男たち（そのほとんどが20歳に満たない、といってよい）に何が起こったかをつきとめるのは難しい。しかし、子どもたちとなると……何が起きたかなんて問題じゃない。ぼくは「あの子たちは、兵隊に石を投げていたのか？」と少女について尋ねた。「おそらく投げていた」。でもそれが何だっていうんだ。心が痛む。

兵に彼らのいったことを伝えたのさ」。その衛兵はこのあとウージ銃を担いだ入植者とくつろいでいたが、やがて祈りはじめて静かになった。ガイドはひるむ様子もなく、案内をつづけた。

あとで、彼がずっと説明してくれていた「歴史的な」ヘブロンの話ではなく「現代の」ヘブロンについて尋ねてみると、「状況は良くない」といった。「あなたも人間だし、私も人間だ。みな塵（ちり）から生まれたのだ。ビザンティン帝国も、ローマ人も、十字軍も、トルコ人も、イギリス人もみんなここにやってきた。今彼らはどこにいる？　みんな去っていった。ソビエト連邦は今どこにある？　なくなっちまった。アメリカだってなくなるさ。神がすべてをお変えになるには、これっぽっちの力でいい。10分でアメリカだって消えちまう。わしらもみな、なくなる。神だけが偉大なのだ」。先ほど、彼は「24年間ずっとこんな調子さ」といっていた。「毎日問題が起きる。見たとおりさ。毎日だ」。ぼくが「ユダヤ人とアラブ人は共存できると思いますか？」と質問すると、「私たちは東のユダヤ人たち、イランや北アフリカのユダヤ人とは共存できる。だがヨーロッパのユダヤ人とはダメだ。彼らは違っている。常に上に立ち、支配して奪おうとするんだよ」と答えた。

119〜125頁

10時45分ごろ、ケバブを買いながら店主に話しかける。彼は和平プロセスにあまり楽観的ではない。リクードのシャミルのせいで成功しそうにないと思っている。労働党政権だったらましだろうに。「イスラエルの人々の中にも平和を望む人はいるし、イスラエル国会のなかでさえ良いことをいう善良なイスラエル人はいる。たぶんパレスチナ人の30〜40パーセントは、進んでいる平和協議に賛同していないが、派閥争いが起きる国は、レバノンの二の舞になるだろう。兄は、政治

犯で22年間収監されている」といった。

彼が外を見るよう促す。8人の兵隊がヘルメットをかぶってパトロールをしているのが見えた。4人ずつ道路の両側を進み、交差点で垂直に曲がる。一番後ろの兵隊は後ずさりして、しんがりをつとめる。「店はすべて閉まっているだろう？　商売は、あがったりさ。近隣の村から来た人たちが買い物をしにきても、兵隊たちの姿を見たら、来なくなるか手早く買い物をすませて立ち去るかだ。イスラエル人の店で買うほうが、面倒がなくていいって彼らは思うんだ。以前は7人雇っていたが、今では父ひとりだ」。彼はイスラエルの税務当局から1万7000シェケルを要求する手紙を受け取ったといった。7か月分の税金で！「こんな商売だぜ！　それなのに彼らは1万7000シェケルも要求するんだ！」。彼の父は税務当局に行って「アメリカで入院していたので、1万7000シェケルなんて払えない」と掛けあったという。「わかった、それでは500でも、100でも、50でも、払ってくれ！」といわれて、それさえも断った。「俺を牢に入れればいい」と父はいい、彼らは成り行きを見守っている。

ぼくたちが話している間に、メガフォンをもった男が数メートル離れたところで叫びはじめた。通りをこちらのほうへ進んでくる。「くそっ！　またトラブルになる」とケバブ屋の店主がいった。ぼくは、メガフォンを持っている男の数十メートル後方からついていく。多くの人々が彼の後をついていったが、ほとんどは10代の少年少女だった。何人かはパレスチナの国旗を両手で高く掲げて持っていた。彼らはあれこれ叫んでいるが、その一方では、メガフォンの男から離れていく人たちもいる。「あっちへ行け、失せろ」「子どもたちを家に連れて帰ろう」という人たち。緊張して肩越しに状況を見ながら、店主たちはシャッターを下ろし、商売は休止となる。

デモ隊は、通りでタイヤを燃やす。ゴミ箱

をひっくり返す。スローガンを叫ぶ。私は区画をまわって反対側からデモ隊に近づいた。こわい。ふるえている。デモ隊のほうへ歩いていって、黒煙ごしに写真を撮った。トラブルになることを人々は理解している。少年少女の中には石を握っているものもいる。ひとりの女の子が群衆のほうに向かって石を蹴とばしている。数人の男たちの手には空きびんが握られている。気を付けて！　火炎びんは家屋を崩壊させるかもしれないのだから。気を付けなくてはいけない！　車が動きはじめる。タクシーも客を乗せて動き出す。「アル・クッズ行きだよ！アル・クッズ！」（訳者注／アル・クッズはエルサレムのアラビア語名）。いつも通りの渋滞だ。1台のバスがすべての交通をふさいでいる。ジープはそっちを通りぬけられないだろう。子どもたちは大きなロータリーのほうへ進み、中には走っている子どももいる。何が起こっているのか？バスが道をふさいでいる。バスの後方で煙があがっている。自動小銃のひびき。走る若者が多くなる。しかしその後彼らはひしめき合い、突然走り、投石する。タッタッタッタッタ、石を投げた若者たちが駆けていく。他の

若者たちも投げている、最後に投げたのは女の子だ。状況が静まったかにみえる。

　1台のジープが反対側からやってくるが、渋滞で身動きがとれない。投げられた石が1つ2つ、近くに落ちる。ジープはそこから抜け出し、またこちらに向かってくる。ぎりぎりでバスの横をすりぬけた。ひとりの若者が、バスごしにジープのいる方向めがけて石を投げ、車に乗り込み、巻いていたコフィーエが外れる。10代の少女が、だめ押しのように石を投げる。バスが動かされた。ふたりの兵隊がやってくる。そのうちのひとりはどうやらイエメン人で、M16ライフルをいつでも発射できるよう構えながら、目を凝らして何軒かの店を調べて帰っていった。2台の軍用車が加わる。兵隊たちは自転車の若者に、自転車を脇へ止めるよういい、質問している。別の若者はトラックの後ろに乗せられている。見せ物は終わった。「アル・クッズ！アル・クッズ！」。ああ、もうじゅうぶんだ。アドレナリンがずっと出っぱなしだったからな。あのタクシーに乗れば、15分でエルサレムだ。

220〜224頁

　Sは、少し遅くに戻ってきた。上司と問題があって落ち込んでいた。降格されるかもしれないと。それでも彼はぼくの案内を続けたがり、ぼくたちはそのまま続けた。雨が降ったりやんだりして、なぜだか難民キャンプは敵意に満ちた雰囲気だ。ぼくは笑顔になれないし、思いやりある外国人を演じることもできそうにない。みんなの目がうつろになっている。子どもたちはしばしば裸足で、自動車の残骸（ざんがい）の中で遊んでいる。泥の中に埋まっていたビー玉、水、雨、がらくた、そしてゴミ置き場に入ろうとして後ろ足で立っているヤギが彼らの遊び道具だ。空き地は、まったくひどい状態だし、家々もまたひどくみじめなありさまだ。ぼくはSのことですでに落ち込んでいたけど、意気消沈している場合でないとはわかっていた。でも、この風やメインストリートに吹きつけるさらさらの砂……。そしてそこには、ほつれた鉄条網やゴミ、ダヤンの政策下で取り壊された家の痕跡があった。いつ見てもオレンジと白に塗られている監視塔の下を、難民キャンプからガラガラ音をたてて出ていく2台のトラック……ぼくたちは誰にも気づかれないように、邪魔にならないかたわらに立っていた。

　それから難民キャンプの脇を歩いていくと、プラスチックごみや野菜くずと一緒に洗

ぼくがどんな気持ちか
わかるかい？

76

濯物が鉄条網に干してある。女の子の集団が外に出てきた。ぼくたちは、彼女らの間を通りぬけた。敷地の反対側には大勢の生徒がいて、ふと後ろを見ると、外側のフェンスと内側のフェンスの間の空間に小さな女の子の姿があった。女の子の両肩は今にも穴から突っ込むような体勢で弓なりに曲がり、監視塔を見上げていた。そら行ったぞ！　女の子は外側と内側のフェンスの間を、若者が反対側に開けた穴を目がけて走っていく。近道に興味津々だったこの少女、きっと無事反対側にたどり着いただろう。

　ぼくらは、墓地までの道を進んでいった。埋葬場所は場当たり的らしく、砂だったり、コンクリートブロックでできた墓石だったり、小さな盛り土だったり……数人の子どもたちが案内してくれて、雨の中で目当ての墓をみつけた。彼らはぼくらを最初の殉教者ハーテム・シシの墓まで連れていった。墓に

は政治的スローガンが血で書かれ、いつまでもその字を見ることができるようにその上にニスが塗られている。ひとりの子がいうには、毎年記念日には、兵隊は近づけないようにして、覆面をした男たちが集まるそうだ。ぼくらはそこを立ち去った。聖地詣では確かに果たした。

　墓地まで歩いたこのとき、ぼくはこの場所にいることが憂鬱になっていた。実に不快で、むさくるしくて、1日中、少なくとも数時間は、みじめな気持ちでいた。そして、ここから出たいと思った。出ていくと考えると嬉しくなった。ジャバリアで4日間取材して、キャンプで寝泊まりできたことは嬉しかった。でもこの1日でもうたくさんだと思ったので、この場から立ち去ってもいいと感じた。ぼくのジャバリアに対する見方は夢のような空想から、ぞっとするほど嫌な現実に変わっていた。なんて醜くて、みじめなところなんだ！

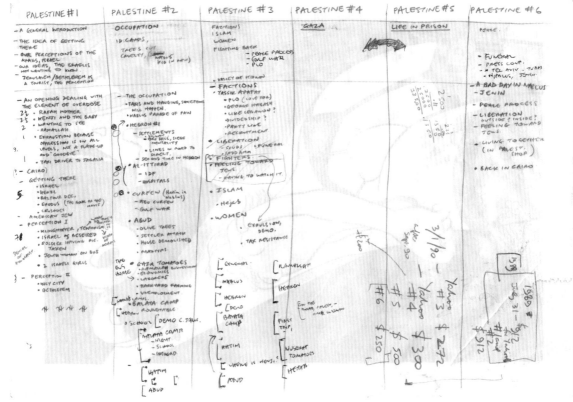

最初のおおざっぱな予定では『パレスチナ』は6冊シリーズをもくろんでいたが、結果的には9冊になった。メモにあるドル表記は、私がファンタグラフィックス・ブックスから出した前作の『Yahoo』シリーズによって得られるはずの金額に関連したものだ（事実、このメモは『Yahoo』第6巻が出来上がる前の色校正の裏側に書かれているため、それが透けて見えている）。『パレスチナ』の制作中、私は金銭のこと、そして金欠のことが頭から離れなかったのだ。

文章を書くことと、絵を描くこと

　次々とエピソードが変わる『パレスチナ』のスタイルは、オリジナルのコミックブックのフォーマットをある程度踏襲している。私は、今やっているような、経験したこと全体をカバーする長編コミックスを書いていなかった。単一の問題に絞って絵を描き、シリーズが完成するまでそのプロセスを繰り返した。特定の流れからはずれないように、それから提示したい大きなポイントを忘れないように、あらかじめ筋書きを書いておいた。しかし、自由度が高いこのやり方がよくも悪くも脱線したり発展したりする事態を招き、当初予定していた6冊のコミックブックが結果的には9冊になった。

　作品の中には、一定のテーマ——たとえば私が何度も何度も取り上げた拘留、収監、嫌がらせ、経済的な窮乏など——を持った流れがあるが、これに関してあまり寛大でない方たちは、くどくど言いすぎだとおっしゃるだろう。だが、私としては主題が各章の表題に制限されるのではなく、エピソードとエピソードの間に血が通うような有機的な経験譚にしたいという気持ちがあった。一方、最も効果的に伝えていると思うのは、トピックにきっちり取り組んでいる部分で、たとえばアンサールⅢのことや取り調べ、拷問に関する連続した章、そしてガザ地区での長めのシーンなどだ。

　視覚的な参考として、数十枚の写真も使った。私ができることはそのくらいしかなくて、借り

たカメラを使い自分で撮った。そのうち何枚か
は、次の章で特に取り上げる。パレスチナ占領
地へはスケッチブックを携帯していったが、ほ
とんど開くことはなかった。西岸地区の通りで
スケッチをしているとすぐに人だかりができた
し、そんな風に目立ちたくなかった。それに、
私が一番大事にしていたのは人々に話しかけ
て、できるだけその雰囲気を取り込むことで、
それにはスケッチは邪魔になった（どのみち、
いつもスケッチブックを持ち歩く習慣はない
し、出版するのでない限り、いたずら描きでも
めったに私は絵を描かない）。

　また視覚的な情報には、つけていた日記の文
章にも助けられた。そして幸いなことに、私は
たいていすぐに場面が思い出せるような書き方
で物事を描写していた。たとえば……

　ヘブロンには、著しく大きな分遣隊が派遣
されているようだ。その多くがヘルメットを
かぶっている。よく目にするのは、ジープが
右往左往し、兵隊が後部座席に座って、自分
たちが来た道を見ている光景だが、ヘブロン
では、多くの入植者たちが歩き回っていて、
そのうち何人かは、かなり若くて、機関銃を
背中に担いでいる。イメージとしてはこんな
感じだ——アラブ人の町をカラフルなパーカ
にジーンズといういでたちで、スカルキャッ
プを被った男たちがウージ銃の引き金に指を
おいて歩いている。(37頁参照)

　その他の場合、たとえばある人の話を回想
シーンとして描くときには、エピソードを満足
いくよう伝えるためにした「視覚的な」質問へ
の答えが役立った。私が見たことのないものを
スケッチしてくれるよう、個人的に頼んだこと
もあった。アンサールⅢを取り上げた章では、
訪れることができない場所だったため、特に役
に立った。できるだけ刑務所の施設のレイアウ
トを読者に伝えられるよう、多くの囚人たちに
地図を描いてもらった。

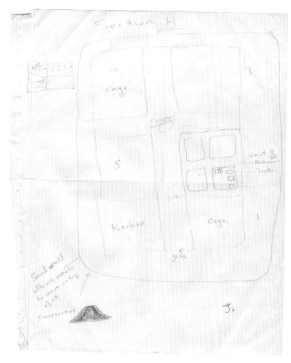

アンサールⅢに収容されたパレスチナ人の元囚人が描いてくれ
た地図のうちの1枚。

　『パレスチナ』の絵を描いているとき、自分
では十分に記録していなかった、日常的だけれ
ど大切な細部の多く——たとえば、自動車の型
や武器の構造、服など——は、書物やフォト
ジャーナリストが発表している作品が参考に
なった。困ったときには、視覚的に参考になる
本はないかと図書館まで足しげく通った。そう
いうリサーチをすばやく簡単にできるインター
ネットはまだ登場していなかったのだ。

　『パレスチナ』はところどころあまりにも言
葉数が多いだろう。そして時折、言葉が重くな
りすぎる。本作品の中で最もうまく描けている
と私が思うシーンでは、たとえ自分のジャーナ
リスト魂に痛みを覚えても、事実や数字を伝え
るより、視覚的な雰囲気が言葉に代わるように
した。

　ここに、ガザ地区について描いた数章のオー
プニングシーンに使われた日記の記述がある。
2か所の難民キャンプに私と一緒に行ってくれ
た国連職員アイザに出会ったときから始まる。

　彼は、ぼくに事実と数字を教えてくれる。

ちょっとドライな人だ。このパンフレット、持っていたかな？　あちらの小冊子は？　説明を聞いた後、国連のバンに乗りこんで、出発。ここはビーチ難民キャンプだ。海岸にあって、砂だらけで、スラム街っぽくて、にぎやかで、ほこりっぽく、汚い。道のわきに、排水のための蓋（ふた）がない下水溝があって、糞尿は海に垂れ流しだ。動物園の中にいる気分だ。だが「止まってくれ、外に出してくれ」というわけにもいかない。自分だけが別世界にいるような気がする。これは見せ方の問題だ。まるで、バブルの中から外をながめている感じだ。

　一度、道があまりにもひどいのでバンがひっくり返りそうになった。ぼくたちはビーチ難民キャンプを出て、そこから目と鼻の先の距離にあるジャバリア難民キャンプに向かった。そこは、香港よりも人口密度が高い。スポーツジャケットにネクタイをしめたアイザは、この事実──すずと布でできたフェンスで囲まれたジャバリアもビーチと似たりよったり──を知っているようだ。バイザー付きヘルメットを被ったパトロール隊の衛兵8人がキャンプから出てくる。ジャバリアこそインティファーダ発祥の地だ。蓋のない汚

水溜め、汚物のたまった窪（くぼ）み。いくぶんかはポンプで汲みだされており、国連もそれなりに最善はつくしている。国連開発計画（UNDP）は、こうした汚水をすべて下水の本管につないで排出しようとしている。

　この日記をマンガにした私の草稿では、この場面をつぎのように書いている。

　　彼らはあなたを、蓋のない排水溝が海までつづくビーチ難民キャンプに連れていく。
　　彼らはあなたを、船で渡れる汚水溜めがあるジャバリア難民キャンプに連れていく。
　　8人の兵隊がパトロールにお出ましだ。
　　あなたは運転手に止まってくださいとは頼まない。あなたは写真を撮りたいなどとは思わない。
　　あなたは誰かに話しかけたいなどと思わない。

　完成版では3頁つづき（146〜148頁）になったが、ありがたいことに文字はまったく入れずに済んだ。この3頁は、この本の中で私が気に入っている箇所だ。

写真

前にも述べたが、視覚的な情報は主に写真にたよった。カメラは特に性能が良いわけではなかったし、私は特に写真撮影の名手というわけでもなかった。主な目的は、画板に向かったときに役に立つ情報をつかんでおくことだった。ここに掲載した写真は、『パレスチナ』の中に出てくる該当のコマと対比できるように並べてある。

上：女性の抗議者がイスラエル警察によって地面に押さえつけられている。もし顔が写っていれば、通信社が買ってくれたかもしれない写真だ。反対に、私は「顔がない」ほうが好きで、つまるところ、それをこんな風に描いた。(55頁)

中：入植者がパレスチナ人の村を攻撃したときに残された斧。明らかに、入植者はドアにはめてあったガラスを砕くのに斧を使ったのだが、ガラスで怪我をしてそれを落としたのだろう。(64頁)

下：ムスタファ・アカウィの葬儀。尋問中に、心臓発作のため36歳で亡くなったパレスチナ人だ。彼を逮捕したイスラエル側は、「おだやかな身体的圧力」を使った尋問だったと発表した。(99頁)

上：アカウィの葬儀中に、覆面をした男たちがアル・アクサ・モスクからパレスチナの旗をふっている。（100頁）

中：ラマラでパレスチナの若者が行ったデモの間に、私が撮った写真の1枚。（121頁）

下：訪問中ずっと続いた土砂降りの雨の中、ガザの難民キャンプの泥でぬかるんだ道。蓋のない下水溝に注目。（185頁）

上:ガザのジャバリア難民キャンプにあるイスラエル国防軍の
キャンプと監視塔。(221頁)

中:投石者たちが逃げにくいようにイスラエ
ル軍が樽を積んで、道をふさいでいる。これ
はラファフ難民キャンプだ。(244頁)

下:覆面をしたパレスチナの男が、ラファフ
で政治的スローガンを壁にスプレーで書い
ている。(245頁)

ファタハの少年ふたりが、指導部からのメッセージをラファフの人たちに伝えるため記している

使わなかったマンガ

　私は今まで自分の作品に関して、さほど完全主義者だったことはない。できるだけ最善を尽くし、その絵がそこそこの出来であれば、次のコマに移るのがよいと信じている。もしこれが無頓着すぎるように聞こえるなら、私は実のところ自分の作品すべてを——よくも悪くも——一生懸命描いていることも明記しておく。消しゴムは絶えず私の手中にある。以下は、途中でボツにした頁やコマの数枚で、差し替えたほうの絵も一緒に掲載した。

上に掲げた212頁の最初の原稿はボツにした。この場面は、サミーフと私がイスラエルの外出禁止時間後に禁止品のビデオをもって帰路についているところだが、このシーンに必要な緊張感が欠けていたからだ。差し替えた原稿の一部を左に掲載しているが、コマが均等に小さくなっている。各コマは一つの考えか、ちょっとした会話だけに集中し、ドラマ性を凝縮したのだ。

率直にいって、53頁のために描いた最初の原稿をペン入れの前にどうしてボツにしたのか、自分でもよくわからない。この俯瞰的な構図は、今の私から見れば冒頭でストーリーを説明する絵として比較的すぐれているように思う。しかし、少ない人数を大きく描いてそこに焦点を当てるぎゅっと詰まった構図（下）のほうを選んだ。とはいえ、最初のアイデアもコマの右下に少しだけ組みこんでみた。

何回ぼくはなぐられたか数えきれない

口と鼻から血が出た

やつらはぼくの歯を折った

兵隊5人がぼくをベッドからひきずりだし、床に投げつけた。腕が折れた

ぼくが腕を押さえるのを見て、その腕をけった。医者と看護婦が止めようとした

でも彼らは追い払われ、病院の従業員ひとりは腕を折られた

何回ぼくはなぐられたか数えきれない。口から血が出た

鼻からも…やつらはぼくの歯を折った

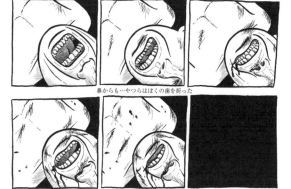

イスラエルの兵隊が10代の患者を残忍に扱っている200頁と201頁上部のマンガを最初に描いてみたところ、ちょっと誇張しすぎかなと感じた（前頁と上に掲載したもの）。上に掲載した大きなコマは構図的にはみごとだが、ほかの部分をかすませてしまい、おまけに叫んでいる顔が闇の中に消えていく半頁分の続きのコマは技巧的すぎる。私は直接的な語り口のほうを選ぶことにした。長いキャプションを追う早い目の動きや、その推進力を生かす密に並んだコマの構成にたよることにしたのだ。

表紙について

　私が『パレスチナ』を描いていたのは、まだフォトショップなどのソフトがない時代だった。表紙の色はアセテート製のセル画に着色されていたのだが、いまだによく理解できない工程だ。私は「色指定」を送っていたのだが、基本的には子どもがぬり絵をするみたいに鉛筆で彩色した表紙を複写して、出版社の「彩色係」に赤や青や緑をどこに使ってほしいのか、おおよそどんな「色味」を使ってほしいのかという意図を伝えていた（下に収録した『パレスチナ』第8巻がその一例だ）。ただ、この雑ともいえる調整の仕方が驚くほどうまくいった。『パレスチナ』シリーズを構成する9冊のコミックブックの表紙を次の頁に掲載した。

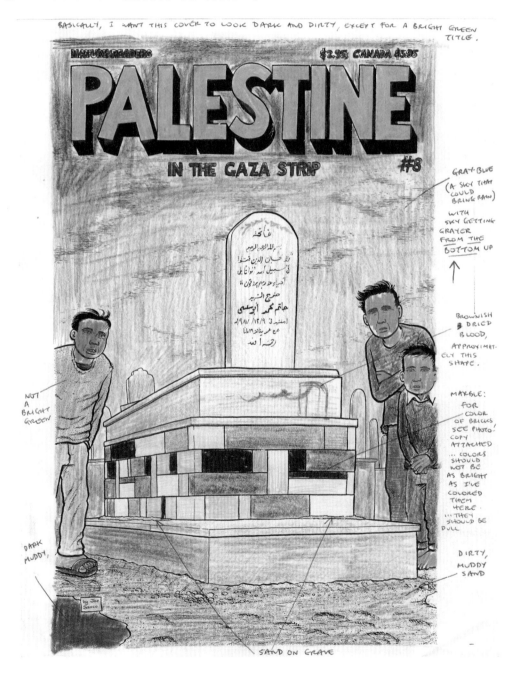

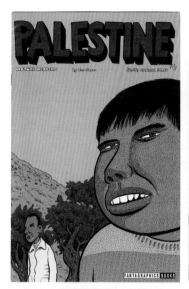

●パレスチナ MAP

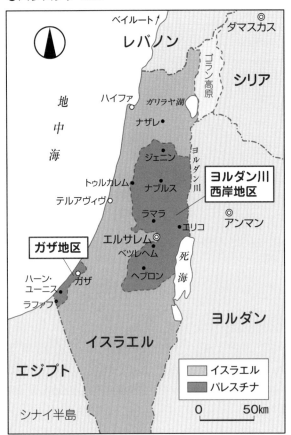

パレスチナは「ヨルダン川西岸地区」と「ガザ地区」に分かれており、1994年以来「パレスチナ自治政府」が存在しているが、日本も含めて国家として承認していない国も多い。ヨルダン川西岸地区はイスラエルの入植活動が進んだことで、自治政府が管轄している地域は左の地図の3割から4割にとどまるという。

●パレスチナの周辺国

●パレスチナ問題・略年表

西暦	事項
1897	ドレフュス事件に遭遇したテオドール・ヘルツルがユダヤ人国家を作るべく、第1回シオニスト会議を開催。
1917	イギリス外相バルフォアがイギリスシオニズム連盟会長のロスチャイルド卿に宛てた書簡の中で、ユダヤ人が彼らの祖国をパレスチナに作ることに同意（バルフォア宣言）。
1922	国際連盟、イギリスのパレスチナ委任統治とバルフォア宣言を承認。
1947	国連総会で、ユダヤ人国家とアラブ人国家の二つの国に分けるパレスチナ分割決議案を可決。
1948	イギリスがパレスチナ委任統治権放棄。その数時間後、イスラエル独立宣言。米ソが相次ぎイスラエルを承認、この決定を不服とするアラブ諸国と第1次中東戦争勃発（〜49年）。75万人のパレスチナ人（パレスチナに住むアラブ系住民）が居住地を追われる。
1956	エジプトのナセル大統領がスエズ国有化を宣言、第2次中東戦争に。
1967	イスラエルとアラブ連合（エジプト・シリア）の間で第3次中東戦争勃発。圧勝したイスラエルは、ヨルダン川西岸地区、ガザ地区、シナイ半島、ゴラン高原を占領。国連安全保障理事会はイスラエル軍の西岸およびガザからの撤退を求めたが、これに応じず。
1973	第4次中東戦争。アラブ諸国がイスラエルに協力的な国に圧力をかける「石油戦略」発動。
1977	エジプトのサダト大統領がイスラエル訪問。79年にはエジプト・イスラエル平和条約調印。

西暦	事項
1980	この頃からイスラエルによるヨルダン川西岸・ガザ地区の土地取りあげ、「入植地」建設が活発に。90年代までには25万人以上のユダヤ人が入植。
1987	ガザ地区の難民キャンプから「インティファーダ（民衆蜂起）」と呼ばれる反占領闘争が始まり、デモやストライキ、子どもの投石などが行われる。
1993	ノルウェーの仲介により、PLO（パレスチナ解放機構）のアラファト議長とイスラエルのラビン首相が、パレスチナ暫定自治協定に調印（オスロ合意）。ガザ地区他にパレスチナ暫定自治政府が発足。
2000	イスラエルのシャロン元国防相がエルサレムのイスラム教聖地を強行訪問、これに反発して「第2次インティファーダ」が始まる。
2001	イスラエルにシャロン政権発足。自治政府への武力攻撃強まる。
2002	ヨルダン川西岸地区とイスラエルを隔てるコンクリートや鉄条網の壁（分離壁）の建設が始まる。
2004	アラファトPLO・パレスチナ自治政府議長、死去。
2005	ガザ地区からイスラエル軍と入植者が撤退。ただし軍による出入り口の支配は続けている。
2007	PLO内の対イスラエル強硬派・ハマスがガザの政権を掌握。
2012	国連総会がパレスチナを「オブザーバー国家」として承認。
2021	2012年、2014年に続いてこの年、イスラエル軍がガザ地区に大規模な武力攻撃を行う。

Chapter One

第1章

わかったよ。おざなりはいけない。同情なんてまやかしだからね。ぼくの話をしよう。何年か前、ベルリンで恋人のクラウディアとクリングホッファーのことを話していた。それまでぼくは、パレスチナ人は自分たちの国をどうしようと勝手だ…と思っていた。クリングホッファーって知ってる？

クリングホッファー

ユダヤ系アメリカ人

1985年、彼は妻と友人たちと豪華客船の旅を楽しんでいた…

ジェノバ、ナポリ、アレクサンドリアを経て…

ポートサイドを過ぎて、彼はパレスチナ解放戦線の連中に頭を撃たれ…

車イスもろとも地中海に投げこまれたのだ

当時ぼくはクラウディアに夢中で何か月も彼女に時間をささげ、うっとりと過ごしていた。熟れに熟れたヨーロッパ・ロマンスへの期待でぼくはわくわくしていた

アメリカのメディアの威力を知るべきだよ。メディアのおかげで、殺されたクリングホッファーのすべてが報道された。残された夫人のこと、彼はどこに住みコーンフレークには何をかけていたかってことまで、まるでハシゴを借りにくる隣人みたいになにもかもね。メディアのパワーってすごいよ！

J. SACCO 8·92

真夜中をずっと過ぎてぼくらは飲んでいた。クラウディアは半分イラク人の血がはいっていて、ダマスカスでアラビア語を学んでいた。そこで彼女はパレスチナ人の恋人と別れたんだが、その恋人の弟はPLOにはいっていてアラファトと親しかった。だからクリングホッファーの件で彼女の立場からなにかいってもいいはずだった。ぼくには意見があった…

ぼくはいいたかった

テロリストの攻撃でアメリカ人が殺されるとアメリカ人はパレスチナ人の問題に関心をもとうとしなくなる。ひとりのアメリカ人がそんなふうに死んだという事実の前にはパレスチナ人の問題なんてまったく無視されちまうのさ

さあ…

そういうことはわたしよくわからないわ…

彼女はわかっていた、でも…

ぼくらの会話はこれで終った！

ほっぺたにキス、そして…

ぼくはひとりで帰った

パレスチナ人の恋人だと！ハッ！売女め！テロリストのシンパめ！

偏見まるだしだって？その通りさ。でもぼくはその思いをぬぐいきれなかった。テロリズムとはパレスチナ人がバターをぬるパンだ。砂漠の上空で飛行機が爆発したことやミュンヘン・オリンピックのことを覚えてるかい？選手たちが爆死し、バスや空港での虐殺を覚えているだろ？

J. SACCO 8-92

テレビで映される血の海に、ぼくの気持ちはふるえたよ…もちろん失った祖国には同情した。でも○○印のコーンフレークを食べて、ぼくにハシゴを借りにきたかもしれないクリングホッファーにくらべて、パレスチナ人の苦しみなんてなんだっていうんだ！

クリングホッファーはアキレ・ラウロ号から落とされ、ぼくの意識に食いこんだんだ

パレスチナ人が何十年ものあいだひどい目にあって、追い出され、爆撃され、暴行され、テレビのニュースになったときさえ、そのどの名前も顔もぼくは思い出せなかった。コーンフレークの種類なんていうまでもない。でもいまはそのぼくに、西岸のパレスチナ人が人びとを紹介し、彼の仲間たちの苦しみを理解してくれといっているんだ

この婦人には8人の子どもがいて夫はとても年をとっている。ひどい病気だが政府はなにも与えてくれない

8

エルサレムでぼくはユダヤ系アメリカ人のデイヴと仲よくなった。
キブツ体験のあいだに、聖なるこの街に観光に来ていたのだ

RETURN

故郷

ずっと下へ下へと…

この街の印象と同じで
その底はのぞけない

「来年こそエルサレムで」──それが世界中のユダヤ人たちが願う「過ぎ越しの祝い」であり、そしていま彼はユダヤ人で、神が選民に約束した土地、シオンにいるのだ

汝らが足を踏む土地はわしがモーゼに約束したように汝らに与えたものだ。荒野とこのレバノンから大河ユーフラテスの流域までヒッタイトのすべての土地は…

ジョシュア伝

神

2000年におよぶユダヤ人の離散の後、1917年にイギリスは主の約束を再びとりだした。大英帝国は当時、大軍艦と、たっぷりのインディア・インクをもち、威圧的に文書にペンを走らせていた。バルフォア卿はユダヤ人が彼らの祖国をパレスチナにつくることに同意するという宣言書に署名した。ついにシオニストたちはイギリスの約束をとりつけたのだ。

土地なき民に、民なき土地を!

J.SACCO 9.97

だが事態は
シオニストの
スローガンの
ように
明快では
なかった。
多くのアラブ人が
パレスチナに
住んでおり、
1917年には
アラブ人の数は
ユダヤ人住民の
10倍もいた。
だが
おわかりのように、
数学は必ずしも
数式どおりには
いかないものなのだ

シオニズムは、
それが正しかろうと
正しくなかろうと、
善だろうが悪だろうが、
長い歴史と
現実の要求と
未来への希望に
根づいており、
昔からの土地に住む
現在の70万の
アラブ人たちの
欲求と偏見より
はるかに深い意味を
もっている

ついでながら

われわれは
現在の居住者たちの
願いを聞きいれる
つもりはない

決定はなされた！
歴史はそのあとを追い、
難民がさらに
そのあとを…
以来パレスチナ人の
没落が続いたと
すれば、
イスラエル人は
高みへと舞い
あがっていった。
それは否定できない
だろ？

自分で来て見るがいい！世界じゅうから学生たちが来てホステルには彼らがうようよしてるよ！オランダ人、オーストラリア人、南アフリカ人…みんなキブツにひきよせられ、共同体にくみこまれガリラヤやネゲブでオレンジつみをするのさ

自分の仕事を終えたやつらはすわりこんでしゃべっている。特にイギリス人は毎晩吐くほど飲まないとおさまらない。日没後はもう農場でやることはないさとウォッカをくらっている

だがアルゼンチンから来たメリー・アンは酒に手はださない。イスラエルの3週間のプログラムにそってボランティアとしてやってきたのだ

つまりイスラエルの軍隊といっしょに来たの？戦車をごしごし洗ったり？

それだけじゃないわ。文化の理解に役だつのよ

イスラエルの若者たちが自分の国とかアイデンティティについていだく気持ちはすてきだと思うのよ

あなたはどこから？

イスラエル人には強い軍隊が必要だ。敵にかこまれてるからね

デイヴはそのことを考えてきた

聖都に来て1週間たちはっきりしなくなった

イスラエルとアメリカ

うん。ぼくは実のところアメリカ人さ

でもここにいると故郷のような気がする

そうなのだ。彼は望めばイスラエルの市民権をとれる。それが帰還法さ。ユダヤ教徒ならどこからでもここに"帰還"することができる。モルダヴィアから、エチオピアから、ニュージーランドのクライストチャーチから…

故郷だ！故郷だ！故郷だ！

J.SACCO 9.92

Chapter Two

第2章

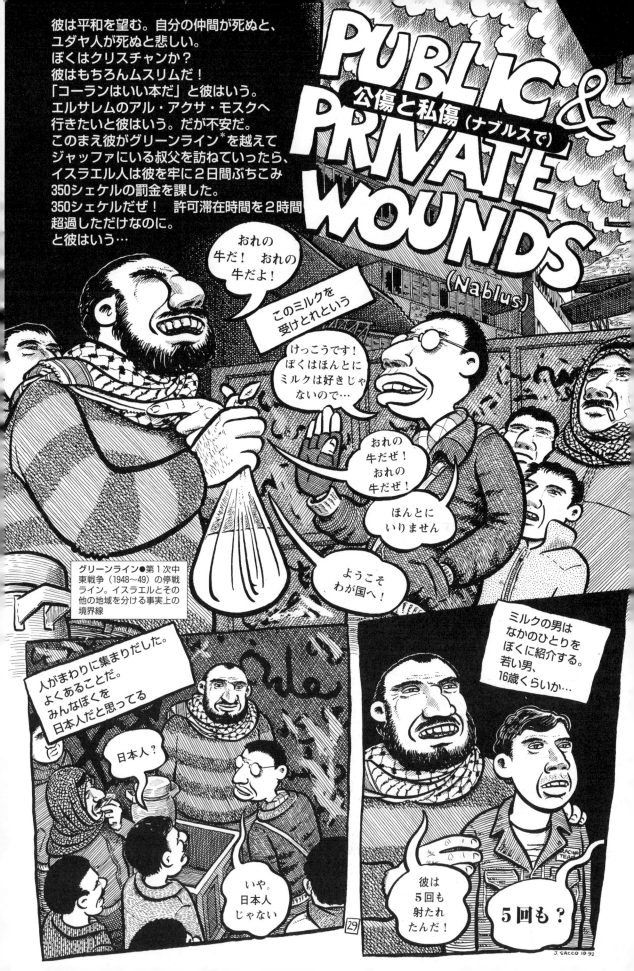

また腕をとられて
廊下を引っぱられていく

ドアを押して通り、

回復を祈っている人たちのあいだを抜ける

ここの被害状況は？

この子は今朝
入院した

家ですわっていると、

壁をつきぬけて
弾丸が当たった

この少女は
校庭で射たれた

複雑骨折だ

同じ事件でもう一人の子が死に
さらにひとりが負傷した

写真？

だれかが彼女の頭に
コフィーエをかけ、

毛布をあげてくるぶしから骨盤までの
ギプスを見えるようにした

フラッシュをたくと笑った

彼女はしゃべりだす

なんて
いって
るの？

もう1枚
とってくれ
って

CARRY ON, DOCTOR

ドクター、続けて

その11歳の少女は
まちがいなく
愛らしかった…
ぼくはいまでも思い出す。
だがかわいらしさ
(と第4次ジュネーヴ条約
のこと)は置いといて
彼女がまったくの
無実だったわけではない。
次に訪ねたとき
彼女は告白した…

あたし石を
投げようと
したんだけど
兵隊たちの
ほうが
早かったの…

M16ライフルと
ガリル・ライフルで
武装した
やつらだった

しかし近ごろは
衝突は
減っているし、
87年の末から
88年にかけての
入植の最初の年に
400人の
パレスチナ人が
殺され
2万人が負傷
したとき以来、
事件に対する
世界の注目を
呼ぶような
鋭敏な反応も
少なくなっている。
あのとき
イスラエルの
国防相ラビンは
抗議運動を
「武力と暴力で」
粉砕しろと
命令し、
シャミル首相は
「地域のアラブ人
どもに死の恐怖を
植えつけろ」
といったのだ

きょう
男性病棟では
銃弾負傷者は
4人だけです

いちばんひどいときには一度に
20人の負傷者がいたと
看護婦はいう。
ジェニンやトゥルカレム、
遠くラマラから
銃弾負傷者たちが
女性病棟にまで、時には
産科病棟にまであふれたという

そのころ
若者たちは、
救急車のサイレンを
聞くと
学校や大学から
急いで戻り、
献血をしたと、
医者のひとりが
教えてくれた

いまでは病院にはプラズマ用の
特別の冷蔵庫があり、
1年間保存しているので在庫は
じゅうぶんだと彼女はいう

でも戦争では
どこもそうですが、
新鮮な血液が
いちばんいい

J. SACCO 11-92

彼女の首の傷のあとは？
「ビル・ゼイト大学で
ベツレヘム大学での殺りくに抗議して
いたとき喉に銃弾を受けたのです。
3度大手術をしました」と彼女はいう

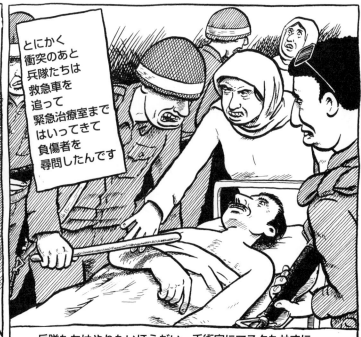

とにかく
衝突のあと
兵隊たちは
救急車を
追って
緊急治療室まで
はいってきて
負傷者を
尋問したんです

兵隊たちはやりたいほうだい。手術室にマスクもせずに
はいってきて面会者たちに質問したり、献血者にどなったり
院長をなぐった。また兵隊たちは救急車を妨害し、
「手術室から」患者たちを連れ去ったと
他の病院スタッフは話してくれた

切迫した
状況では
珍しいことでは
ありません

最近の例？
2週間まえ兵隊たちが
やってきて簡単な捜索
をしました。念いり
じゃなかったけど、
トイレもチェック
していた

兵隊たちは
手術室以外の
全スタッフに
外に出るように
命じた。
他の患者たち全員は
病室にほったらかし
のまま、
だれも出入りを
許されなかった

J. SACCO 11·92

私たちは寒い外に
30分も立たされ
寒くてふるえたわ。
女性スタッフは
なかに戻っていい
といわれたけど
私たちは拒否した
のよ…

彼らは私たちの身分証明書をチェックして
男性スタッフ5人をジープで連れていった。
5人をなぐらないで、と私は兵隊たちにいった

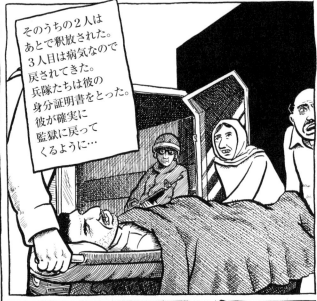

そのうちの2人は
あとで釈放された。
3人目は病気なので
戻されてきた。
兵隊たちは彼の
身分証明書をとった。
彼が確実に
監獄に戻って
くるように…

残りの2人は？

彼らに
ついては
なにも
わからない
のよ

J. SACCO 11·92

36

原則として
ぼくは10代の男の子たちを
避けることにしている…
思うに、道をよけて渡ってすむのなら、
男性ホルモン分泌がさかんな
17歳の男の子とにらみあうより安全だ。
常にウージ銃をもったガキどもから
距離をおくことが確実な安全策だ…

HEBRON

ヘブロン

手持ちの
武器で
身がまえる
入植者たちの
悪口はまずい
…とにかく
大声ではね。
特にこの
場所では。
ここは
かつては
ユダヤ人に
とって
残酷な町
だったのだ。
1929年の
アラブの反乱で
60人以上の
ヘブロンの
ユダヤ人が
虐殺され、
1936年には
その小さな
ユダヤ人の
コミュニティは
町から
追いはらわれた…

だが運命は
逆転する。
1967年の戦争で
イスラエルは
西岸を押さえ、
それ以来
聖書にある
ユダヤと
サマリアへの入植は
ユダヤ人原理主義者に
とって不可欠のことと
なってきている。
彼らの政策は
「まず入植！
イスラエル政府
（つまりはメシア）の
承認はそのあとに
得られる」というもの。
この厚顔な姿勢により
彼らは1972年、
近く（1キロほど近く）の
キリヤト・アルバに
入植。それでも不充分だと
1979年には
グッシュ・エムニム
（先鋭的な入植者運動）の
狂信者たちは
ヘブロンの中心部にはいり、
いまもいすわっている。
ほんとだよ。
いうことをきかない
カナン人たちが
なにかしかけたときに
そなえて
銃のひきがねに
指を当てながら…

37

いつも英語で通るわけではないが、子どもたちは英語の練習をしたがる。子どもたちを味方にしておくのはいい考えだ。
ぼくはうんとにこにこして「ぼくの名はジョー、元気だよ」と答え、たいていそれでうまくいく。いつもとは限らない。
2、3度、他の場所で子どもたちに追いはらわれたことがある。口ぐちにぼくをユダヤ人だといいあって追っかけてきたり、石をひろって指でいじり、ぼくがにっこりして彼らの気持ちに

はいっていくまでやめなかった。子ども相手は疲れる。おとなもそうだ。追っかけてはこないが、くすくす笑ってぼくの袖をひいたりする。このような場所では、彼らは距離を置くし、こっちを見つめ、ぼくが彼らにとって危険かどうか見定めている。ここではなるべくにこにこし、あいさつするのがいい。「サラーム・アレークム」（ごきげんよう）とあいさつしてにこにこ。「サラーム・アレークム！」

ほら、彼らはぼくにほほえみ返す。ミカンのはいった袋をくれる人も出てくる。

ここはヨルダン川西岸で最大の難民キャンプのバラタだ。ナブルスからほとんど道のむこう側にあるようなものだ。ここに住んでいるパレスチナ人のなかには、1948年に現在のイスラエルとなっているところから逃げてきたり追い出された75万人の一部だった人たちもいる。1948年について話す必要があるかな？

シオニストたちがいかに
うわさと脅しを利用し、殺りくし、
アラブ人たちを追い出し、
イスラエルがユダヤ人の場所である
ことを保証する人口統計を
作りあげたかというのは、
もはや秘密ではない。
もちろん、難民たちは戦争の
残念な副産物と考えるほうが
（イスラエル人にとって）気楽だろう。
だがパレスチナ人を
追放するという考えは、
テオドール・ヘルツルが
1800年代末に近代シオニズムを
形づくって以来のことなのだ。
「われわれは貧民層を国境のむこうに
追い払わなくてはならない」
と彼は記した。
「そのためには彼らを隣国などで
働かせ、わが国での雇用を
拒否するのだ」
結局、何世紀も故郷を追われて
いたイスラエル人よりも、
パレスチナ人のほうが昔からの
故郷に執着がない、ということで
正当化するシオニストもいたのだ。
イスラエル最初の首相デヴィッド・
ベン＝グリオンによると、
パレスチナ人は「ヨルダンや
レバノンやいろいろな場所に
いても同様に平気なのだ」。
戦争がさし迫っており、
ベン＝グリオンはパレスチナ人を
「さらったり」退去を説得する
という幻想は持たなかった。
「攻撃するごとに」と彼は書く。
「決定的な打撃を与えなくては
ならぬ。住居の破壊と人口の
駆除をもたらすのだ」

DAVID BEN-GURION

J. SACCO 12-92

それが基本的に達成されると、
彼は顧問に語った。
「パレスチナ・アラブ人に残された
道はひとつ——逃げだすことだけだ」
だがもし1948年が秘密でなければ、
それはゴルダ・メイア首相による
発言とまったく同じだ。
「自らをパレスチナ人と意識する
パレスチナ民族はいなかったようだ。

GOLDA MEIR

われわれはやってきて彼らを
ほうりだし、彼らの国をとりあげた。
彼らは存在しなかった」

だが彼らは存在したし、
いまも存在し、彼らはここにいる。
その子どもも、
子どもの子どももいる。
そしていまだに彼らは難民なのだ
…いまさらだけどね。
それは夜のニュース番組の一項目
にしかすぎない。
でも、彼らは難民なのだ。
彼らは帰郷の日を望んでいると思う。
だがどこに戻る？
400近いパレスチナの村は消され、
1948年の戦争のさなかとその後に
破壊され、逃走したパレスチナ人
は「不在者」と宣言された。
彼らの家や土地は「放棄された」
もしくは「未開地」と宣告され、
ユダヤ人入植地として宣言された。

難民キャンプというと、
テントや簡易ベッドに寝る人たちを
思いうかべる。
だが時とともに、
バラタの居住者たちはもうずっと
昔からここにいると思い、

キャンプは一種のみすぼらしい
居住地と化している。
人びとはここに住み、テレビを見、
買物をし、家族を持つ……
最初ここに来たとき、大通りを
泥をはねながら行くと、
バラタを特徴づけているのは
泥だと思った。
雪は溶けて道はどろどろになる。
どこもかしこも泥だ。

ぼくらはサブローの友だちに
会いに来たのだが、
その彼はどこかの結婚式に出かけて
今日は帰らないそうだ。
どうする？
ぼくはすごく寒い。この寒さのなか、
ぼくらはどこへ行けばいいのか？
幸いにも、サブローが前にここに
来たのを覚えている者がいて、
ぼくたちを店に招きいれ、お茶を
出してくれた。
ああ、お茶……
お茶のカップを持つこと、
それがいまは、なによりなのだ。
サブローが、今夜すごす場所を
手配しているあいだ、
ぼくはお茶を味わっている。
いっぽう、うわさが流れたのか、
若者の小グループが
出たりはいったりする。
ぼくらを見さだめる。
ほとんどがちょっといてすぐ
出ていく。
外国人か？　ジャーナリストか？
またかよ！
ここに来て特ダネを得ようとした
のはぼくらが初めてじゃないし、
最後じゃないだろう…。
そのひとり、16か18の若者が、
ぼくに興味を示した。
ぼくがほほえんだからだろう。
彼の英語はおそまつだが、
そんなことは平気で、
身ぶりで語る。
イスラエル国防軍と乱闘を
演じたことを説明する。
その証拠だと身分証明書を出して
見せる。
占領区域の16歳以上のパレスチナ
人は携帯しなくてはならない。
彼のそれは緑色で、
最近監獄にいたことを示している。

彼にうながされ、
その友人がはずかしそうに、
オレンジ色の身分証明書を見せる。
西岸住民の通常の身分証明書だ。
「グリーン・カード、
　インティファーダ！」と
カードを振って最初の若者がいう。
「オレンジ・カードは、
　インティファーダ不参加だ」と
彼は友のカードを持っていう。
グリーン・カードの男は
誇らしげにほほえみ、
オレンジ・カードの若者は
顔を赤らめてひきさがる。
ぼくは同情してほほえみ返す。
ほんとにだ。
この慎重さに欠けた兄ちゃんに、

悪い予感がするから。
彼は怪我をするだろう、
たぶんひどい弾丸傷をうける
のでは、とぼくは思っている。

サブローが今夜の宿の手配を
してくれた。
ぼくらはジブリールという名の、
英語をなかなかよく話す男と
いっしょにすごすのだ。
ジブリールの家に行き、
部屋にすわり、くつろぐ。
台所では大動員がおきていて、
彼と兄弟たちが次つぎと
料理をもってくる。
これが大晩さん会だ！
ぼくらは難民キャンプで

王さまのように食べる。
食べ終えた食器をみな下げていく。
ぼくは台所に閉じこもっている
女性たちにキスを送る。
さあ、おなかいっぱい。
ジブリールは石油ヒーターを
ぼくらの足もとに置く。
じゅうぶん暖をとれるように。
「コーヒー飲むかい？」
彼が聞く。
すごい。パレスチナでぼくらは
気にいられてるぞ。

そのあいだに、部屋は近所の
人たちであふれる。
ぼくらのことを聞きつけ、
質問に、いやがらずに答えてくれる。

43

ぼくは手帖を出す。
彼らは笑い、話しあっていたが、
静かになる。
彼らが連れてきた子どもたちもだ。
どこで働いているの？　と聞くと
「イスラエル！　イスラエルで！」
とほとんどがいう。
イスラエルには仕事があるが、
西岸にはないという。
早起きして仕事に行く。
往復に１時間ずつかかる。
午後６時にイスラエルを
出なくてはならない。
ジブリールだけが、
地元のナブルスで働いている。
他の者は、イスラエルに好都合な
低賃金労働市場に属している。
イスラエルが経済を握っており、
都合のいい規則を作っている。
1985年ラビン国防相がいった。

「イスラエル国家に対抗するような
農業や産業の拡張は
（占領地には）許さない」
もう２年も働いていない、
とマハムドはいう。
グリーン・カードを持っていると
いうことは、イスラエルで働く
ことはできないということだ。
グリーン・カード？
彼も監獄にはいっていたのか？
ある日兵隊たちが玄関にやって
きたと彼はいう。
理由を聞くと、
兵隊は、彼の頭をなぐった！
妻子のいる前でだ。
兵隊は、だれが石を投げたか
知りたがった。
自分じゃないと彼はいったが、
彼は連れていかれた。
「私でなければだれかを連行したろう」

みんなが兵隊や監獄のことを
しゃべりだす。
２年前に兵隊に射たれて
まだ足のぐあいが悪い、
とフィラスはいう。
兵隊が真夜中に家を襲った、
とアハメドはいう。
ドアを破り、
屋根からはいってきて
家具を壊し、彼を捕えた。
彼は16歳だった。
それで監獄に３年。
「なぜ？」
とぼくが聞くと
「火炎びんを投げたから」
という。
「どこに落ちたかもわからなかったのに」
一同がみな大笑い。
とてもおもしろいと思っているのだ。
だがイスラエル人は火炎びんを

重大視し、しばしばそれを投げた
者の家を壊す。
バラタで壊された家について聞く。
彼らはあちこちを指さし
人の名をあげながら、
口ぐちにしゃべる。
「家が6軒ダイナマイトで壊された」
とアブ・アクラムがついに口を
ひらく。
「1軒は友だちの肉屋の家で、
金持ちだった。ほかに11人が
その家に住んでいたが、退去する
余裕を1時間だけ与えられた」
肉屋は（敵への）内通者だったことが
ばれて、危険だと思われた他の
内通者ふたりを殺せば許してやる、
といわれた。
彼はそのふたりを殺したので、
イスラエル法廷は彼に終身刑を
宣告し、家を爆破した。

バラタでは5人の内通者が
殺されたという。
キャンプ生活について聞く。
「映画館も花壇もないよ」
とジブリールがいう。
「兵隊は私を見ると
『どこへ行く？』とたずねる。
校庭でサッカーをやろうとすると
兵隊がついて来る。
だから友だちは私の家に来る。
お茶やコーヒーを飲み、話をする。
それがここの生活さ」
バラタは兵隊のあいだで評判だ
とジブリールがいう。
西岸での最初の
インティファーダはここで
起こったのだ。
自分がバラタから来たと知った
兵隊に、ナブルスで暴行された
とジブリールはいう。

「ナブルスへ行くときは急いで
行ってくるんだ」
とアブ・アクラムがいう。
兵隊が彼を見とがめると
壁に向って立たせ、
身分証明書をとりあげ、
コンピュータで記録を調べ、
なぜ彼が監獄にいたかと聞く。
「兵隊がひどいやつだと、
私を店のなかにつれこんで
なぐるんだ。
バラタのキャンプにいるのが
いちばんいい」

屋根にあがる。
ここは寒いが、近くのユダヤ人
入植地の明かりがきれいだ。
もう午後8時近くで、
集会はおひらきとなる。
だれも外出禁止時間に兵隊に

つかまりたくはない。

通訳していたジブリールは
疲れきっていたが、まだ宵の口で、
彼はぼくたちを楽しませなくちゃ、
と思ったようだ。
ビデオで「デルタフォース」を
見せてくれる。
チャック・ノリスと
リー・マーヴィンが主演の映画だ。
80年代なかばのハイジャック事件
をもとにした内容で、
アメリカ兵ひとりが殺され、
アメリカ人何人かがベイルートで
人質になる。
実際は、人質は釈放されたのだが、
映画ではデルタフォースが
エンテベの人質を救出し、
大勢のパレスチナ人テロリスト
たちを一掃する。
アメリカ人たちが立ちあがり、
彼らを苦しめた連中に反抗すると、
パレスチナ人テロリストたちは
自分たちに危険が及ぶと
泣きごとをいって、
自らの大義を裏切る。
ジブリールと兄弟たちは
ほとんど平然と、パレスチナ人が
悲鳴をあげて逃げまどったり、
チャック・ノリスに
オートバイからロケット弾を
発射されて吹っとばされるのを、
時どき頭を振って見ている。

CHUCK NORRIS

ビデオの後で
ぼくたちのために
床にマットを敷いてくれた。
ジブリールは長イスで寝る。
眠れるようにカセットで音楽を

かけてくれる。
歌声にきき覚えがある。
何年か前に死んだエジプトの歌手
ウンム・カルスームだ。
彼女の葬儀はサダトのときより
すごかったと、
カイロで友だちのタハが
ぼくに語った。
彼女は、調子の良くないときの
ロイ・オービスン（注・アメリカの
カントリー・ウェスタン歌手）
みたいに、
見てくれはいまひとつだが、
なんとすごい声と表現力だ！

OUM KOULSOUM

明らかにラブソングで、
聴衆は息をのむ。
ぼくも息をのみ、
聴衆と同じく圧倒される。
歌は次つぎと続く。
ジブリールはカセットを
ひっくり返す。
歌はまだ続く。
「これ、なんて歌？」
とぼく。
「ファカロウニ」
とジブリール。
「わたしに思いださせて――だ」
ジブリールはヨルダンにいる彼の
許婚者（いいなずけ）のためにこの歌をかける。
彼女もパレスチナ人でやはり難民だ。
イスラエル人は彼女がここに来る
のを許可しない。
ビザを発給する理由となる、
彼女の近親者がパレスチナに
いないからだ。
ジブリールも彼女を訪ねることが
できない。
イスラエルは彼の出国を

もう許さないからだ。
この前ヨルダンを訪ねたとき、
シリアまで彼が行ったことを
とがめてだ。
ジョージ・ハバシュの
パレスチナ解放人民戦線で
テロリスト任務の訓練を受けたと
彼をとがめた。
日本でのテロリスト任務のために
訓練を受けた容疑で。
日本？……
彼らは夜中にやってきて彼を捕え、
ナブルスの監獄に入れ、
2か月にわたって訊問した。
彼をなぐり、眠らせなかった。
彼らは……
だが、また別のときに話そうと彼。
明日は早起きして
仕事へ行かなくてはならない。

サブローとぼくが起きたとき、
ジブリールはもう出かけたあと
だった。
いつものようにぼくは寒さに
ふるえる。
顔を洗う水は冷たすぎる。
今朝はバラタにある職業訓練学校
のひとつを訪ねたい。
それはパレスチナ難民のいくつかの
基本的要求に対応する
国連パレスチナ難民救済事業機関
（UNRWA）の運営だ。
ぼくらは歩いて学校に行くが、
中にはいれてくれない。
上からの許可が必要なのだ。
ナブルスのUNRWA地域事務所に
電話をかけてくれ、
相手と話すことになる。
「保安上の用心が必要なことを
ご理解いただきたい」
と電話の相手は説明する。
「そちらの状況をごらんになった
でしょう？」
ナブルスの事務所へ行けば
許可が出るのだ。
ぼくらはタクシーで街へ急ぎ、
UNRWAの係員は
ぼくらに手を振ってなかにいれ、
手書きのパスをくれる。
これで万全、
ぼくらはUNRWAのゲストの
リストに載ったのだ。

バラタに戻るタクシーの
乗り場へ行く途中、
サブローはとつぜん勇気を出して、
ナブルス監獄の写真をとる
決心をする。
ナブルス監獄だと？
鉄条網に監視塔に警備兵たちに
「撮影禁止」の表示が明白に出て
いるあそこを？
兵隊につかまった時にそなえ、
これまで撮ったフィルムを
ぼくに託して、彼はひとりで行く。
タクシー乗り場で、昨夜いろいろ
話したアブ・アクラムに会う。
近づいた彼と握手。
そのとき赤いベレー帽の兵隊が
こっちに向ってくるのに気づく。
とつぜんアブ・アクラムは
消えた！
彼と数人の仲間たちは車のあいだを
縫って走り、赤いベレー兵が追う。
赤いベレー兵がやってくる寸前、
走るパレスチナ人たちは
エンジンを始動したタクシーに
とび乗る。
赤いベレー兵はとつぜん追跡を
やめる。
追跡ではなかったのかもしれない。
みんな走っていただけなのかも。
ぼくにはわからない。
サブローのフィルム・バッグを手に
ぼくはすでにタクシーのなかだ。
目まいがして、なんだかぼくの
せいのような気がしながら。

バラタに戻り、
ぼくは校長のオフィスにいるが、
まだ校内にはいれてくれない。
ばかなことにぼくは、
UNRWAのやつが署名した
許可書を、道のさきの事務所に
置いてきちまったのだ。
3人の生徒がそれをとりに行くが、
まだ戻ってこない。
学校の時間はもう終りだ。
明日また来なさい、
と校長。
忍耐ですよ、
と通訳してくれる先生がいう。
イスラエル人たちが
ジャーナリストのふりをして
キャンプに来たことがあると
彼はいう。

彼らは学生たちに「取材し」
だれが活動家なのかを知ると、
それから兵隊がやってきて
逮捕した。
学校の終業ベルが鳴るころ、
サブローが現われる。
外に出たぼくらは
子どもたちに囲まれ、
名前は？　宗教は？
とたずねられる。
それにときどき答える。
先生が事務所から出てきて
彼らを追いはらう。
仲間の先生もやってきて、
許可があろうとなかろうと、

ぼくらを案内してくれる。
教室にはいる。
電燈もストーヴもない。
もう40年間この状態だという。
「学校を建てたとき、それは一時的
なものと思われていたのです」
と先生のひとりがいう。
「1、2年のうちに（イスラエルの）
故郷に帰るのだと思っていたのです」
UNRWAは電気をいれると
約束したが、そのために
学生たちは電気を要求して
ストライキをしなくては
ならなかった、と彼はいう。
雨もりのする教室や、

でもなぜなぐったのか？
「ヘブライ語でなく英語で
兵隊に話したからです」
と彼はいう。

サブローとぼくは、地元の
UNRWAの診療所をちょっと
訪ねる。
ここでは許可書は要求されない。
看護婦は産科を案内してくれる。
毎月キャンプで50人の出産がある
と彼女はいう。
研究室とリハビリ施設と（やや
誇らしげに）新しいレントゲン室
を案内する。
これから医者がぼくらに会って
くれる。
看護婦は医者の部屋の前で
待っている長い列を無視する。
医者がぼくらを部屋に招きいれ、
女性の患者ふたりを追い出す。
この診療所にはふたりの医者
しかいない。そのひとり、
交代要員の医者はいう。
「いちばんの問題は
患者が多すぎることです」
1日に300人の患者を診る。
（昨夜、円卓会議の席で男たちは、
診療所での急ぎ診断［治療］に
ついての冗談をいっていた。
「窓口へ行け！　窓口へ行け！」と
急いで処方し、彼らを追いはらう
医者をまねて、彼らは歌った）
換気が悪く、
人口密度が高いためと
「政治的社会的状況に関した問題から」
呼吸器系の病気になる者が
多いと医者たちはいう。
ドアにノックの音。
ぼくらは長居しすぎた。
さっき追いだされた女性たちが
はいりたがっている。
これはだれのための診療所なんだ、
いったい？

外でぼくらはグリーン・カードの
男に会う。
きのうのインティファーダ君と
その仲間で、ぼくらを連れに
来たのだ。
なんのために？
彼らの英語はわかりにくい。
あとについていく。

壁が崩れ落ちているトイレを
見せてくれる。
校長が現われる。
教師たちをどなりつける。
3人は脇に行って議論する。
明らかに「ジャーナリストたち」
に話すことの正当性についてだ。
教師たちは声をはりあげる。
校長は不機嫌に歩いて去る。
教師たちがやってくる。
「気にしないで」
とひとりがいう。
「すべての責任は私たちがとると
校長にいいました」
教科カリキュラムは
ヨルダンのそれに対応していると
彼らはいう。
ヨルダンと同じ英語と数学の
教科書を使うのを

イスラエルは許すが、
例えばパレスチナに触れている
歴史や地理の教科書は
ダメなのだと彼らはいう。
それが問題なのではないと
教師のひとりはいう。
「インティファーダ以来、ここは
イスラエルではないと生徒たちに
教える必要はないのです」
兵隊たちが通り、学校のなかで
人びとを追い、発砲する……
それは500人の生徒にとって
いい学校環境ではないと彼はいう。
先生たちは？
最近のことだが、朝学校へ行く
途中で兵隊たちになぐられたと
ひとりがいう。
彼らはアラファトの写真を
壁からはずせ、と彼に命じた。

ぼくはバラタの主な道路に
詳しくなっているが、
彼らは脇道の迷路のなか、
裏路地へとぼくらを連れていく。
家のあいだの道はふたり分の
肩はばしかない。
小さな子どもたちがビー玉遊びを
している。
身をよじり向きを変え、
ふたのない下水路をとびこえ、
右や左へ行き、
ぐるぐるまわっているのか、
ぼくにはわからない。
時どきグリーン・カード君は
身ぶりでぼくらを止め、
角のむこうをのぞいてから、
ついてこいとうながす。
「警察、危険」と彼は知らせ、
またぼくらを止める。
ぼくらのボディチェックをする。
ぼくらの持ちものを調べる。
グリーン・カード君はぼくの
パスポートをめくる。
カイロの銀行の領収書や、
航空券やカメラを調べる。
彼はぼくの手帖をぱらぱらめくる。

彼は真剣でいかめしくすらある。
もちろんぼくは
アリエル・シャロンとのきわどい
経験についての大量のメモを
持っていたかもしれないが、
グリーン・カード君は
なにも見つけられなかったろう。
とにかく彼らは、ぼくらは
クリーンだと判断したのだ。
さらに身をよじり向きを変え、
ぼくらは泥んこの大通りに出た。
ふうっ。

いま、ぼくらは家のなかにいて、
お茶が来る。
ジブリールがいて、
昨夜の顔ぶれも少しいる。
でも初めての者もいる…
グリーン・カード君による
あんな厳しい用心のあとなら、
アラファト自身か、少なくとも
ブラック・パンサーのゲリラ
にでも会えるのかと思うだろうが、
この初めて会う男は、
ごくふつうに見える。
そして彼のしゃべりかたは

これまでに聞いたどれとも
違わない。
彼が何者なのか
はっきりいわなかったが、
履歴書を見せろなどと
ぼくはいわない。
蜂起は長年の苦しみの結果だと
彼はいう。
インティファーダは
自然に起きたが、
いまはＰＬＯの指示のもとにある。
インティファーダは
世界の関心をパレスチナ人へと
集中させた。
いま政治的解決の機会がある…。
これがヒントだ。
この男はPLOのアラファト派である
ファタハの仲間に違いない。
「和平交渉」についての考えによって、
そのパレスチナ人が支持するのは
ＰＬＯのどの派なのか
推測するゲームをやってきた。
例えば、
人民戦線の支持者たちは
パレスチナの交渉団に対する
イスラエル側の厳しい前提条件の

ために、交渉に反対だ。
バラタは主として親ファタハだと
彼はいう。
ファタハは交渉を支持するので、
だから彼も交渉を支持するが、
しかし彼は懐疑的だ。
「イスラエル人の大多数は
平和のための土地を望んでいない」
と彼はいう。
「彼らは他のアラブ諸国との
合意はとりつけたいが、
パレスチナ人とではない」
これからどうなると思う？
「さらなる入植地と
さらなる兵隊たちと
さらなる（ユダヤ人）移民増だ」
もし交渉が失敗したら、そしたら？
「なにを期待するのだね」
と彼。
「インティファーダが続くだろう」

議論は終る。
女性たちが食べものを運んでくる。
ピタパンをあらゆるものにひたす。
政治から離れ、ぼくたちは笑う。
コーヒーが出るぞ…。
彼らはサブローに
日本について聞く。
ぼくは、彼の下手な英語を
彼らにわかるような英語にする。
彼はどこか精神主義者のようだと
わかる。
手相で生命線を診るのだ。
グリーン・カード君はイスに
のりだし、手のひらをつきだす。
ちょっと分析してから
サブローはグリーン・カード君の
感情と知性をほめ讃える。
それからサブローは
彼の手のひらをじっと見て、
近くグリーン・カード君に
なにかが起こると告げる。
「監獄に戻るんだ」
とジブリールがいい、みなが笑う。
「ちがう」
とサブローは主張する。
「事態は良くなるよ」
彼らはストライキが起きるよと
警告する。
イスラム教原理主義者グループの
ハマスが明日ゼネストを呼びかけ、
インティファーダ統一指導部は

明後日のストを呼びかけている。
そして双方が、２日後にもストを
呼びかけている。
するとタクシーによる移動が困難に
なるだろう。
ぼくらはバラタで立ち往生する
くらいなら、すぐ発とうと決める。
タクシーでナブルスに行く。
ナブルスの通りはまったく
からっぽだ。
外出禁止の時間が近いからだろう。
タクシー乗り場でエルサレム行きの
車体の長いベンツを見つけ、
夫婦とその幼い男の子といっしょに
車のなかで待つ。
もう１人か２人の乗客が来るまで
運転手は走ろうとしないが、
ぼくらは急ぎたい。
５時の外出禁止までに
ラマラに行きたいのだ。
ジープが通りを横切って止まり、
兵隊がとびだし、
旧市街のせまい道へ向かう。
銃声。
もう１台ジープが止まる。
さらに兵隊たち。

無線をもった兵隊がレシーバーを
落とし、それは手の届かない彼の
ひざの下で大きく揺れる。
彼はそれを手にとれないので、
困っている。
タクシーのなかの男の子が
兵隊のことを「おもちろい」と
いって笑う。
クレイジーだ。
彼の父親がガスがくるといけない
から、車の窓を閉めろという。
ジープがもう１台現われる。
さらに兵隊たちがとびだし、
その道に走っていく。

ついにぼくらはナブルスを後にする。
監獄を過ぎ、バラタを後にする。
バラタは遠くすぎ去る。
ぼくは曲りくねって丘の上に
伸びていく風景を見る。
エルサレムは
１時間のかなただ…
エルサレムは
１時間のかなただ…
さしあたって、ぼくは景色を
楽しもう。

Chapter Three

第3章

サブローとぼくはプロだ。うなずきあうと、ジャーナリスト・モードにはいった

サブローはカメラをとるとサターンV型ロケットなみの望遠レンズをつけた

ぼくは右に記した長い文章について「だれが、なにを、なぜ」を語ってくれる人を探しだす

赤十字の事務所から始まったんだ…排除命令に抗議してのデモだよ

そうだ、今月の珍木沢な事件…12人のパレスチナ人ジャーナリストが国防大臣のモシェ・アレンス氏によって追放命令を出されたのだ。彼らは正式には何の罪にも問われていない。ただだれかの話だとか、だれかがテロリストの首謀者だとかいう話だが、イスラエル人はジェルトン・ポスト紙が書いたとおり繰り返している。夜らをテロリストだと…12人のうち3か月のあいだにイスラエルの入植者4人が殺されているので、その犯人だと。だが、12人のうちだれも持ち主の父親も、だれも逮捕されていない。だれだれが青めを身らわされるのだ。4人の子持ちの父親も、だれの子も連れさられることになる。──図書館のディレクターも、──センターのコーディネーターも。それは第4次ジュネーヴ条約に反して彼らを追放にするものだ。外追放について明言されたことに対する目と、だから彼らが青めを身らわされるのだ。だがそのジュネーヴ条約なんて、ぼくは国外追放にしたいくらいだ!

そうこうしているうちに

さらなるトラブルが…

ジープとトラックが着き、

青服の警官と

緑の制服の国境警察の連中が…

弾を装備してやってくる

54

占領をめぐって
善意の連中や
人権監視者とか尼僧や
クエーカー教徒、
国際法学者たちが
ファイルを持って
うろうろしている。
彼らはみな記録や
研究書類の山を高く
築こうとしている…

でもぼくたちは
なま身の人たちの顔が、
痛みが、ほしい。
ひどいめにあった人たちと
触れあいたい。
（少なくともぼくはそうだ。
寡黙なサブローも
そうだとはいうべき
じゃないだろうが）

そしてぼくの
知りあった
情報センターの人たちは
ひとりにつき
89シェケル払えば
車と運転手兼通訳が
付いて
いろんな野蛮な行為が
見られるよと
約束してくれた

THE BUCKET
バケツ

新しい
入植地が
できてる
のかい？

カメラには
気をつけて
ください

イスラエルの
パトロールの
カメラを見ると
車を止める
かも…

前にも車を
止められたことが
あります

そしてカメラを
壊し、
フィルムを
押収したん
です

運転しているのは
ガイドのサミ。
スケジュールは
しっかり組んで
くれてる。
だがぼくらは4時までに
エルサレムに戻らなく
ちゃならない。幸いにも、
グリーンラインのすぐ
東にあり、立ち寄れる村を
彼は知ってるという。
そこはパレスチナの
悲惨さを見るのには
まぎれもない宝庫だという。
そう願うよ。
89シェケルのもとを
とりたい…
やりたいことは
うんとある！

木を切られて
しまった人たちと
話せるのかね？

もちろん

最初の行き先だ

ほら？

切られた木だ

J. SACCO 2.93

農場と牧場用の広大な土地が拡がっていた。
これもまたバケツのなかの数滴にすぎない。
イスラエルは西岸地域の3分の2を
自分たちのために取りあげてきた。
ユダヤ人の入植用も含めて
(隣接する「大イスラエル」は別としてだ)
しかしシャミル首相がいうように

入植者についていえば、運転手のサミは
ぼくたちを郊外の村へ連れていった…

道路のこちら側の
すべての土地は
イスラエル人たちの
入植のために接収
されています…

もしわれわれが
ここに入植地を築き
そこに入植地を拡げるなら、
それはごく自然なことだ。
その土地はわれわれの
ものだという理解のもとに
進めているのだから

そしてこの「理解」をふまえ、
世界シオニスト機構の
「マスタープラン2010」は西岸地域の
5パーセントだけが「入植に問題がある」
と指摘しているのである…

「問題がある」とは、
そこにはなお何十万もパレスチナ人が
住んでいるからだと思う。
しかしその地方では、1942年にイギリスが
制定した村の境界のなかの制限地域に
大部分が住んでいる。
そしてイスラエル人側はきまって
その地方の新築申請を却下しているため、
何万ものパレスチナ人は
「違法」の住居を建てることを
余儀なくされており、そのうちの何百もが
毎年壊されている。
実際、イスラエル側の「公式」統計によると、
1987〜88年にかけて、イスラエルは
建築許可をした数以上のパレスチナ人の家を
とり壊しているのだ

しかしもしユダヤ人が、
占領したアラブ人地区の
入植地に住みたいといえば、
それは大歓迎なのだ！
その気にさせる条件にあふれている！
政府が引っ越し費用を援助してくれる！
低金利での高額ローンを
受ける資格が得られ、居住費は安いのだ！
イスラエルに住むより居住費は安いのだ！
所得税は7パーセント減額される！
わかるだろ？
アメリカの1862年のホームステッド法の
ヤッピー版なのだ…

この話題のついでにサミが
特別のはからいをしてくれた

みなさんは
運がいい。
入植者たちが昨夜
村を襲ったんだ

大通りから外れにある家に
案内してくれた。
入口のドアと窓のガラスが
割られている…

なかにはいると
破片だらけで
斧や乾いた血の跡がある

いきさつを聞かなくては。
だがまず最初のことを――お茶を1杯

はじめ
近所の家から
ガシャンという音が
したんです

すぐに
襲撃はこの
家にも…

ふた組が
同時に
暴れていたに
ちがいありません

でもだれも
見ません
でした…

車が走りだす
音がしただけです

わたしは恐ろしくてうしろの部屋に
息子と娘といっしょにいました

朝になって、
血のついた斧があるのを見つけました。
襲撃者はガラスで自分の手を切り、
斧を落としたにちがいありません

息子がドアをあけたがったけど、わたしが止めました。
一晩中、朝の5時までそこにいました。一睡もしないで…

昨夜は20もの家が襲われたことが
わかりました

J. SACCO 2-93

そして
ついに、
マナ（パン）がテーブルに並んだ

その朝
わたしの父は
入植地に苦情を
申したてに
行った

わたしたちを
襲ったのは
入植者たちで、
そのことを入植地に
報告しなくちゃ
いけない！

以前は
ラマラの軍隊司令部へ
行ったものだが、今は
ハラミシュの入植地に
行かなくちゃならない。
その入植地には警察機能もある。
身分証明書、免許証や許可証も
そこで発行している

とにかく
彼らは私たちと
話すため兵隊を
ひとりよこした

わたしはこうした襲撃からどうやって
身を守ったらいいのか、兵隊に聞いた

入植者または
パレスチナ人を
守る力は
われわれにはない

なあ、
きみたちのなかにも
過激なやつはいるし、
こっちにも
過激なやつはいる

こっちの
過激な連中を
告発しているように、
そっちの過激な連中も
告発してほしい
ものだね

この件は
事件にされない
だろう。
結果は望めないさ

J. SACCO 3 93

67

昼食を食べ終るか終らないうちに、サミはぼくたちを次の現場へと案内した

壊された家へ…

老婦人がそばにあるひと部屋だけの建物のなかに招いてくれた

やかんが音をたてて…またしてもお茶だ

わたしの息子のひとりはアメリカにいて、ひとりはイラクにいますが、もう長いこと音沙汰がありません。26歳になる息子はアンサールIII監獄にいます。火炎びんを投げて5年の刑に服しています。彼の妻はイスラエル発行の身分証明書をもう持っていないので、ヨルダンに2年いるのですが、再入国は拒否されています

かつてみんなあの壊された家に住んでいたのです。わたしも息子もその妻も…

息子が逮捕された1か月後に兵隊がやってきて家をとりかこみ、わたしたちに出て行けといいました

ブルドーザーがやってきて

息子を逮捕され、彼の父親は20年前に亡くなった！

わたしたちはすぐに家具を外に出そうとしました。近所の人たちが大勢手伝ってくれました。1時間の猶予が与えられましたが、多くは運び出せませんでした

彼らはわたしにこの部屋にはいるようにいい、カギを閉め、そしてわたしらの家を壊したのです

68

ここでもバケツのたとえだ。彼女の家はインティファーダの最初の4年間にイスラエル側が壊した1250ものパレスチナ人の家のほんのひとつにすぎない。この場合は集団制裁ゆえのとり壊しだ。治安警察は息子の有罪を証明する必要もない。だが前に述べたように、家の新築の許可がおりないのを理由に、こうしたことは起こりうるのだ

わたしはいまやこの部屋でひとりぼっちです

彼らは息子を牢にいれ嫁を帰らせてくれない。神に祈るだけです

息子さんに面会に行きますか？

初めの2年間は面会は禁止されていました。いまは3か月に1度面会に行きます。入植地に面会申請をします。赤十字がバスでわたしたちを監獄まで連れていってくれます。ネゲブにあるのです

行くのに3時間かかります。面会時間は15分だけです

二重のフェンスでさえぎられていて、大声で叫ばなければお互いに聞こえないのです

彼はどうです？

わたしにはしっかりしているように見えます。そこで多くを学んだようです。「心配ないよ。ここで元気さ」と彼はいっています

もう1か所、入植者に射殺された若者の家族のところです

オーケイ、だがぼくもそろそろ限界だ

息子が釈放されるまで生きていたいです

もう一滴もダメだ

69

J. SACCO 3·93

ラマラに着き
そこからバスで
カランディアへ。
そして
どしゃ降りの
なかを歩いて…

もうすぐ
だよ

そう
願いたいね

やっとたどりつき
なかにはいると、
ヒーターの前の
特等席を
与えられた

ハーレドは
友人の家族を
紹介してくれた。
中年の母親、
かなり年上の夫、
年齢も
からだの大きさも
まちまちの
子どもたち…

アハラン・
ワ・サハラン
（ようこそ）

からだが
少し乾くと、
ハーレドはぼくを
台所に連れて
いった。
お祈りの前に
足を清める
儀式を見せたい
というのだ…

きみはおれの
イスラム教の兄弟
だからね

暖かい部屋に戻ると
ごちそうが待っていた…

お茶！

ごはんとレンズマメ！

フライド・エッグ！

トーストしたピタパン！

オリーヴとトマト！

オレンジ！

コーヒー！

母親はハーレドを通訳にして、
14歳で結婚し子ども10人に
孫が3人いると語った…
いちばん下の子を抱きあげ
歌を歌う。
ぼくはとっさに
ゴルダ・メイアが、かつて
「非ユダヤ人」の出産率の
高さについて語ったことを
思いうかべた。
「今夜にも何人のアラブ人の
子どもが生まれているかと
思うと」彼女は夜も眠れないと…

75

WHERE IS SABURO?

サブローはどこ？

2日、いや3日のあいだぼくは待った。さらなる外出禁止のニュースとどしゃ降りで、ぼくはエルサレムにとどまっていた

だがサブローはどこだ、まったく？

彼はなにを見てるんだ？

ぼくはといえば3つか4つのつまらないインタビューをして、国境警察がダマスカス門で身分証明書をチェックするのを見ていた

ついにサブローが戻ってきた。靴を泥だらけにして。この前彼を見たのはタクシーからバラタ・キャンプで降ろしたときだ。そこから彼はキャンプ1に歩いていった。そこでは兵隊たちが容疑者の家を封鎖して催涙弾を射って群衆を追い散らしていたとサブローはいう。後で怒ったパレスチナ人のひとりがサブローの腕をとり、なにかを見せようとした…

赤ん坊だ。頭が異常に大きい。妊娠中に母親は催涙ガスをあびて病気になった

ぼくは疑い深い。ジャーナリスト的にいえば、いつも疑っていなくちゃいけない。確認しなくてはだめだ。自分の指を傷口につっこむのはいい。頭全体をつっこめたらもっといいだろう

写真をとったのか？赤ん坊の写真を？

写真はとりたくなかったのに、写真をとってくれというんだ

で？

写真をとったよ。とてもつらかった

ぼくは催涙弾を射つ兵隊を見たかった

その赤ん坊を見たかった

J. SACCO 4·93

Chapter Four

第4章

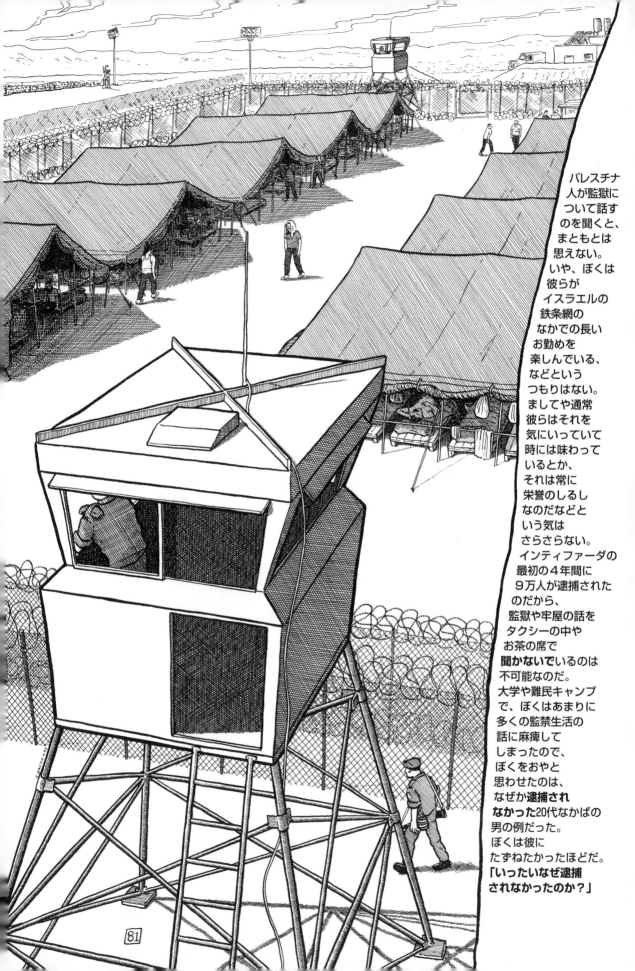

パレスチナ人が監獄について話すのを聞くと、まともとは思えない。いや、ぼくは彼らがイスラエルの鉄条網のなかでの長いお勤めを楽しんでいる、などというつもりはない。ましてや通常彼らはそれを気にいっていて時には味わっているとか、それは常に栄誉のしるしなのだなどという気はさらさらない。インティファーダの最初の4年間に9万人が逮捕されたのだから、監獄や牢屋の話をタクシーの中やお茶の席で**聞かないでいるのは**不可能なのだ。大学や難民キャンプで、ぼくはあまりに多くの監禁生活の話に麻痺してしまったので、ぼくをおやと思わせたのは、なぜか**逮捕されなかった**20代なかばの男の例だった。ぼくは彼にたずねたかったほどだ。**「いったいなぜ逮捕されなかったのか？」**

誤解しないでほしいのだが、ぼくはパレスチナ人の監獄体験をささいなことなどというつもりはない。「どういうわけか」（だれと話しているようと）ともかく（詳しい話になるのか、聞き流す程度かは別として）人生の重要な部分をここに閉じこめられていたという話に必ずなるな、とあきらめて予想するようになったのだ

そんなぼくでも、西岸の村での話には思わずほほえんだ。気さくな男がここでは典型的な大家族をぼくに紹介してくれた。そのなかに美しい名の美しい娘がいた…

アンサール、握手をして

アンサール

アンサール

アンサール

彼女の父親は「もし」とか「どこで」服役したかぼくにいう必要はなかった。なぜならこの砂漠には監獄がひとつあり、その名は…

ANSAR アンサールⅢ Ⅲ

他にも監獄は、もちろんある。だがイスラエル人が「カツィオット」と呼んでいるアンサールⅢは最も大きく、1991年11月現在で6000人の囚人がいた。1988年3月、インティファーダによる収容囚人の増大に対処するため特に開設された

ぼくは多くのアンサールⅢのOBたちと話したものだが、3人から聞いた以下の思い出話は、典型的なものと思われる

ユセフ

ムハンマド

イヤド

3人とも中年の知識人で行政拘禁された

行政拘禁とは、裁判なしで6か月の入獄が課せられることだ

それはさらに6か月更新されることもある…さらに6か月…さらに6か月…さらに…

その犯した罪はなにかというと、だれもなんの容疑か示されていない

だがそれは…

自分がなにか悪いことをしたのか考えるという罠にはまってしまう

ユセフの物語は
1988年3月
逮捕され
西岸の
ヘブロンの
南にある
ダハリーヤ監獄に
いれられた
ときから始まる。
イヤドも
同様だ

それは鉄拳政策の
期間中の特に厳しい
時期だった。
私たちは目隠しされ
手錠をはめられ
バスのなかで
なぐられた。降りると
二列の兵隊たちの
あいだを歩かされ、
両側からなぐられた。
囚人のふたりは
腕を折られた。
それから私たちは
動物のなき声や
汽車の音をまねる
ように命令され、
そうするまで
なぐられた。
近くで兵隊たちは
バーベキューを
楽しんでいて
女性兵士もいた

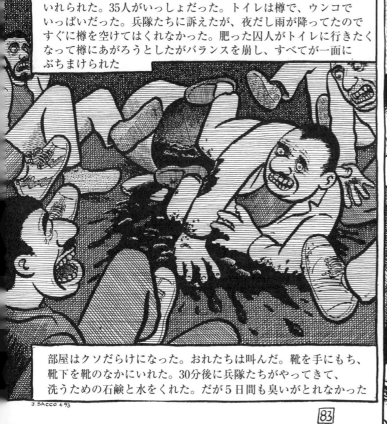

ダハリーヤでの最初の2日間を野ざらしにされたあと、11日間監房に
いれられた。35人がいっしょだった。トイレは樽で、ウンコで
いっぱいだった。兵隊たちに訴えたが、夜だし雨が降ってたので
すぐに樽を空けてはくれなかった。肥った囚人がトイレに行きたく
なって樽にあがろうとしたがバランスを崩し、すべてが一面に
ぶちまけられた

私はダハリーヤに
18日間いれられて
から6か月の
行政拘禁を受けた。
4×6メートルの
部屋に40人くらいが
おしこめられていた。
10日間のうち部屋から出されたのは
2回で、それも15分ずつだった

部屋はクソだらけになった。おれたちは叫んだ。靴を手にもち、
靴下を靴のなかにいれた。30分後に兵隊たちがやってきて、
洗うための石鹸と水をくれた。だが5日間も臭いがとれなかった

J SACCO 4-93

83

私は2、3日テントに移された。そこのほうがよかったが、また別の房に移された。まるで地獄みたいだったが、そこに1週間いた。3×4メートルの広さに21人がいた。金属のドアは午後は陽に当るから換気がとても悪く、ドアにはコイン大の穴がひとつあるだけ。暴動のときガスを注入する小さい穴だ

換気のため、ふたりの囚人が毛布を持ってパタパタさせた。これを10分交代で行った

夜はせいぜい2〜3時間しか眠れない。私はゴミ箱の上にすわって鼻をドアの穴にくっつけた。そして疲れきって眠った

アンサールⅢに移送される囚人たちはどこに行くのか知らなかった。ユセフもそのひとりだった…

監房から出されると5台のバスに分乗させられた。100人以上がいた。恐かった。バスの中で泣くやつもいた。ヨルダンかレバノンに国外追放されるのかと思った

約4時間後、
バスから出されると
テントの前だった。
そこがどこなのか、
なぜ連れてこられたのか
わからなかった

服を脱いで
濃いブルーの制服
を着ろといわれた。
最初の晩、みな
ひときれのパンと
オリーヴ5個と
スプーン1杯の
ジャムをもらった

ドルーズ派*の兵隊に
たずねると
新しい監獄だという

ひとりに3枚の
毛布とうすい
マットレスを
与えられた。
テントのなかは
寒く眠れなかった

「自分たちが動物みたいに感じた」とユセフ。
ぼくがすでに他の体験者から聞いているような獄中生活の苦しさをいくつか彼は語った。
砂漠の極端な温度変化、虫のこと、水の供給が少ないのでほとんど飲むのが限られること、
まずくてひどい食事、着替えがないこと、医療がほとんどなされないこと…じゅうぶんの内容だ。
つまりそれだけで別のコミックス何冊かになる内容だ。
だが鉄条網の内側でのあれこれの話の泥沼に落ちこむのはやめておこう。
ともかくいくらかは、時間をかけた彼らの抵抗により改善された。たとえば水の供給は増えたし、
筆記用具も許可されて新聞も読めるなど。1991年10月、アンサールⅢが開設されてから3年半後に、
定期的な家族の面会が手配された。いっぽう監獄はインティファーダ逮捕者の増大にともなって拡張された…

ドルーズ派●イスラエ
ルに住むイスラム教シ
ーア派のなかの一派。
ドルーズ派はムスリム
ではないとして、市民
権が与えられている。

私は最初の区画で
あるA区画にいれ
られたが、10日で
満杯になった。
1か月後にB区画が
建てられ、さらに
1か月後にC区画が
…次に私が逮捕
された1990年1月
にはアンサールⅢは
ひとつの街みたい
になっていた

私はH区画の副区画2
にいた。副区画2は
4つのユニットに
分けられ、それぞれに
3つのテントがあり、
各テントに25人がいた

J. SACCO '93

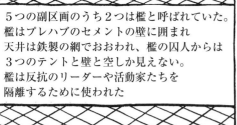

5つの副区画のうち2つは檻と呼ばれていた。
檻はプレハブのセメントの壁に囲まれ
天井は鉄製の網でおおわれ、檻の囚人からは
3つのテントと壁と空しか見えない。
檻は反抗のリーダーや活動家たちを
隔離するために使われた

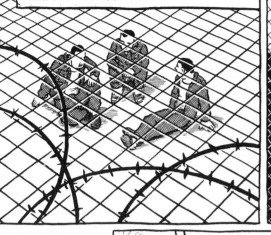

他の区画の仲間と
連絡をとるため、
手紙を石や乾いた
パンに結びつけて
投げた。それを
「郵便ボール」とか
「ファクス」と呼んだ

ユセフの話によると、
医者や教師、弁護士、
ジャーナリスト
を含む囚人たちは、
まもなく
自分たちを
組織する方法に
ついて話しあう
ようになった…

最初の何日かは
なんの組織も
なかった。
わたしたちには
秩序が必要だった。
最初の成功は
トイレに一列に並ぶ
ようにしたことだ

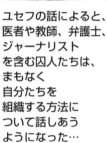

250人も押しこめられて
トイレは3つだけ、お湯は
3週間に1度しか供給され
ない。まるで地獄だと
感じる者もいた。食事の
分配はわれわれ自身で
仕切った。拘禁者4人に
ひとつの皿しかない。それで組織を作った。
委員会を作っていろいろなとりきめをした

こうした委員会が
どう機能したかの
証拠として
ムハンマドが
「お茶委員会」の
話をしたとき、
ぼくは当然ながら
聞き耳をたてた

86

台所で働く囚人たちは大きなポットにお茶を用意する。そのお茶が公平に、だれも文句のないよう早く、しかも冷めないうちにみなに配られるようお茶委員会はとりはかる

お茶委員会は全員に1杯ずつお茶を飲ませ、次にまた列の初めから残りのお茶がなくなるまで順に飲ませる。テントのお茶監視員は列の次にいた者の名をメモしておき、次回は彼に最初にお茶が行くようにする

公平を欠いた瞬間に問題が起きる。監獄は小さな世界だから、お茶1杯や石鹸1個のことが重要なんだ

啓発活動については…

集まって討論したければ教育委員会が発言者を決め、どのテントで何人集まるかなど決める。そして2〜3人が鉄条網ぞいにうろついて衛兵たちの注意をそらすようにする。エコロジーや哲学、アインシュタイン、ソ連邦の崩壊などについての講義が行われた

わたしはイスラエルの平和運動について2度話をした

英語とヘブライ語のクラスもあった。3か月のうちに14人が読みかたを教わった

「アンサールはわれわれの大学だった」と、ベツレヘムで会った学生がぼくにいったことがある。その話がとてもおもしろかったので、余談として書いておこう（真偽のほどはわからないが）

ビル・ゼイト大学の教授がアンサールⅢにいれられたところ同じテントに自分の教え子が数人いた。それで彼は授業をそこで続け、試験も実施したという。講義や研究のほかに、囚人たちはイスラエル人による拷問のやりかたを描く寸劇もやったとユセフは語る。そのなかで拘禁されているパレスチナ人の死を芝居にしたときもあった…

その芝居は3つのテントをくっつけて上演された。最後にみなが拍手し、兵隊たちは催涙ガスを打ちこんだ

ここで述べたすべての活動と、組織的な構造は、囚人たちの規律同様、PLOのさまざまな党派を代表する政治委員会によって仕切られていた。ファタハ、人民戦線、民主戦線、共産党などなど…

新しくここにはいる囚人はひとつの党派に加入しなくてはならない。政治的な理由ではなく、組織の目的のためだ。このことはその者がその党派のメンバーであることを意味するわけではない。しかしひとつのグループのなかである責任を分担しなくてはならない。そしてそのグループはその人の権利と義務に責任をもつのだ

だれも新しくはいった囚人に話すことは許されない。勧誘なんて問題外だ。新入りはテントに連れていかれ、そこで4つの委員会がどの政治党派にはいるのかとたずねる。このシステムの唯一の欠点は、高度に中央集権化されていることだ

さまざまな政治的な考えにもかかわらず
囚人の結束が固いことは、
アンサールⅢの歴史の初期に起こったある事件に
よってよく示されている…

わたしはその新聞を隠して、
ジェニンから来た
ヘブライ語が読める
友だちに見せた。
読むと彼は泣きだした

やつらめ！
アブ・ジハドを
殺しやがった！

わたしは他の3人と
いっしょに台所で
働いていた。
ゴミを台所から
ゴミすて場まで
兵隊たちのゴミと
いっしょに運ぶ
のだが、そのなか
にヘブライ語の
新聞があった

アブ・ジハド(ハリール・アルワズィール)は、パレスチナ人の
革命グループ・ファタハを親友のヤーセル・アラファトと共に
作ったが、イスラエルのコマンド部隊によって、1988年4月
16日、チュニスで暗殺された。「からだは別だが、こころは
ひとつだった」とアラファトは彼について語った

食事を配る台所スタッフのひとりとして、
ユセフは、この6日おくれのニュースを
広めるのを手伝った

わたしたちは
囚人たちと話し、
知ったことを伝えた。
暴動にならない
ように、ゆっくり、
ゆっくりと…

アブ・ジハドは
ファタハに
属していた。
しかし他の党派も
彼を追悼したかった。
A区画の
政治委員会は、
翌朝、彼を讃えること
に決めた…

時計の所持は許され
なかったので、祈りの
時間にテントを出る
ことにした。3回目の
「アラー・アクバル」の
祈りの後、わたしたちは
みな外に出て1分間一列
になって立っていた

J. SACCO 5-93

監獄の当局側は
とても緊張した。
大勢の兵隊が自動
小銃を手にとびだし、
砂をまきあげて
戦車もやってきた。
ラウドスピーカーで
テントのなかに
はいるよう私たちに
いう。それから
彼らは空に向って
発砲し、催涙ガス弾
を投げこんだ。
囚人たちは石や靴を
投げはじめた。
台所のわたしたちは
タマネギを投げた。
30分間の暴動だった。
ゴム弾で怪我した
囚人もいたが、
イスラエル人に
われわれのいいたい
ことは伝わった

なにかやろうとするなら、
相手側をどこまで押せるか
知っておかなくてはならない。
こっちが愛国的な歌や民謡を
歌えば、兵隊たちはそれを
やめさせる権限がある

だまれ！

無視して歌えば3度やめろと命じ、上官に伝える
だろう。上官がやってきてわれわれに警告する。
次に催涙ガスが来るかも…事態が厳しくなったと
思ったら歌うのをやめ、30分後にまた始める

囚人たちはまた、行動を衛兵たちの任務状態に合わせる
ことを学んだ。イスラエル兵たちがいろいろなことを
見すごしがちな時はいつかを調べたのだ…

木曜日がいいと
わかった。
司令官が家に帰り、
夜中じゃま
されたくないと
思っているからだ

90

また講義のスケジュールも
「兵隊たちの任期の終りの日々に集中させた。
その頃は兵士たちはこっちにあまり
介入しそうもなかったから」
とムハンマドは語る

兵隊たちは
15日サイクルの
ローテーションで
任務についている。
初めのころは
囚人たちに対して
典型的な態度をとる。
強圧的にふるまい、
郵便ボールに注意し
調べる…1週間か
10日経つと彼らの
目は変ってくる。
われわれの組織に
感心して気をゆるめ
人間らしくなって
くる。3日間そう
いう関係になり、
また新たに
いやなやつらが
やってくるんだ

この前アンサールⅢにいた
とき、兵士の何人かといい
関係を持った。わたしが話した
アメリカ系イスラエル人は
わたしたちの状況に驚いて
いたが、任務を拒否する
ことはできないと語った

ハイファでかつて
働いていた友人が
いた。3か月アン
サールⅢにいたら、
彼のかつての
ボスのユダヤ人が
衛兵としてやって
きた。その衛兵は
わたしの友人に
タバコをくれたものさ

衛兵たちと親しくなったからといってわれわれの状態をたいしてやわらげることにはならない。そこでイスラエル人にパレスチナ人を憎ませようとする政策を打ち破りたい

この政策がいかにイスラエル人の衛兵任務に効果があったか見るといい。イスラエル人たちにパレスチナ人を人間として見ないように条件づけるイデオロギー上の目的にそった政策だ。まず彼らはわれわれを、動物のような身なりの者と見る。最近までスプーンでものを食べたことのない、汚なくて、きちんとした衛生的生活もできず、いつも顔のまわりに何百ものハエや蚊がたかっている者、という固定観念を植えつけられている。「こいつらは私の敵だ」とね。パレスチナ人を1度も見たことがないソヴィエトのユダヤ人たちが収容所や占領地域で兵役につくよう連れてこられる。彼らもパレスチナ人を憎むことを学ぶのだ

アンサールIIIは単にインティファーダをつぶすために建てられたのではない。それもまた政策なのだ。同じ顔ぶれの囚人が、監獄に現われつづけるのでは抑止効果がない

拘禁期間が終る囚人たちは、まだ残っている者から最後の頼みをきく。外にいる友だちや愛する者たちに伝言を渡してくれと託される…

それはいつものことだ。伝言をいれたカプセルを飲むんだ。プラスチックのカプセルの両端は溶かして閉じられている。わたしは少なくとも14個のカプセルを飲んだ。釈放されるとみなが寄ってきて伝言はないかと聞く。「あるよ。でもたぶん明日渡せるよ」と答える

初めてアンサールIIIから釈放された時は自分の人生で最も幸福な瞬間だったとユセフは語った。大勢の人たち、ジャーナリストたちが彼にあいさつに来た。イスラエル人が再び彼を4か月後に逮捕したとき、彼はこの自分のオフィスにいた。ぼくたちがお茶を飲んだ場所に…

逮捕されてもかまわないさ。また監獄にはいりたくはないが、これがおれたちの人生なんだ

おれたちは闘いを続けるほかないだろう？

J. SACCO 5·93

MODERATE PRESSURE
おだやかな圧力　その1
PART 1

ようこそ！
ようこそ！

ジブリールの
家はぼくの家…

彼はバラタの
難民キャンプで、
できる限りの歓迎を
してくれた

灯油ストーブを
ぼくのひざに
寄せてくれた

彼がなにか
命じると
兄弟たちが
お茶を運んでくる

そしてコーヒーも

ようこそ

よし、では仕事だ…

彼がナブルスの監獄に
2か月いれられ厳しく
訊問された話を聞きた
かった。容疑は彼が
人民戦線に訓練を
受けていたことだ

彼はいった。
「ジブリール、
すべて吐いてしまえ。
ぜんぶすでに
コンピュータに
はいってる」

「すべて
知ってるなら、
なぜ聞くんだ？」
とわたしは
いった
「おまえの
口から聞き
たいのだ」
と彼はいう

ジブリールの
話の途中で
アブ・
アクラムが
現われた

彼は
拷問されたこと
があるのか？

あるさ、と彼はいう

なぐら
れた？

おまえ
マジなのか？
という目で彼は
ぼくを見た

どんなふうに
なぐられた？
説明して
もらえます？

なぐられた
んだよ。
意味がわからない
のか、と彼…

J. SACCO-93　93

A PALESTINIAN JOKE

パレスチナ人のジョーク

3人の秘密情報部員が森のはずれを歩いていた。ひとりはCIA、ひとりはKGB、ひとりはシン・ベトだ

ウサギが森にはいっていくのが見えた。3人は早くつかまえる競争をしようと決めた

まずCIAが10分でウサギを連れて戻ってきた	彼らはウサギを放した	KGBの男がたった5分でウサギを捕えて戻った	シン・ベトの男は驚かなかった…

そんなのたいしたことないウサギを放せ

シン・ベトの男はウサギを追っていった	他の2人は待った。5分が過ぎ10分が過ぎ…20分…40分…	2人はイスラエルの男を探しに森にはいった	長いあいだ歩いて、森の奥深くへ…

なにかおかしいな

叫び声と悲鳴がついに聞こえてきた	声のするほうに行ってみると…

おまえはウサギだと認めろ！

ウサギだと白状しろ！

THE TOUGH AND THE DEAD

タフな者と死ぬ者

ガザ通りでだれかがぼくにいった。
「拷問されてるときは、父親の
名前を忘れるよ」
ぼくが？　密室のなかでの仕置きに
ぼくはどのくらい耐えられるだろうか…
長くはもたないのはたしかだ。
だがぼくは究極の臆病者だ。
荒っぽいことばとにらまれただけで、
国際アムネスティに救いを求めて
わめくだろう

ぼくとほぼ
同年の
パレスチナ
女性に会う。
彼女は
タフな
お姉さんだ

２年前
彼女は
エルサレム
の悪名高き
収容施設、
「ロシア
区画」の
なかに
18日間
いた。
シン・ベト
のおかげ
で…

民族主義
的な
パンフレット
の下書きを
したと
覚えのない
容疑で
彼女を
密告した
男たちの
ことを
いまだに
彼女は
恨んでいる

朝のうちに
逮捕されただれかが、
午後には
私を密告
したのよ

１日の苦痛にも
耐えられなかった
のよ

肉体的に
弱かっただけでなく
精神的にも弱かったし、
民族的大義の自覚も
弱かったのよ

そしてこの収容所で、シン・ベトは
肝臓の生体組織検査をしたうえで、
彼女を"棺"のなかに
半日立たせっぱなしにした

シン・ベトはわたしをそうしたひとりと
対面させたの。わたしのこと知ってるかと
聞いたら、知らないと彼は答えた

こいつを
連れてってよ。
この次はどう
答えるか、彼に
教えときな！

もしやつらが
彼の性器を
いためつけたと
しても、
最初や２度目は
痛いだろうが、

そのあとは、
たいして痛みを
感じなくなるさ、
と彼女はいう

もちろん、
それには失礼ながら
賛成しかねる。
しかし彼女のような
気性の女に異議を
挟めようか…
彼女は何か月も
入獄し、
４度逮捕されている

小さな
クロゼットで、
なかに立つのよ。
はば60センチ、
高さ２メートルで、
とても暗い。
わたしは尻に
腫れものが
あって、
立っていられ
ないの。
まだ麻酔の
感じが残って
いた。寒いし、
わたしは気を
失った…

時間が経って
ドアが開き、
外気に触れて
彼女は
気がついた

まだ
死なない
のか？

吐きたい

彼らは彼女の
頭をおおった。
この
やりかたを
パレスチナ人は
「アル・シャバフ」
と呼ぶ。
「時には
4時間、
時には
1日じゅう。
時として
真夜中に
連れだされ、
この仕置きを
されたんだ」

彼女の背中の
中心は
金属の棒に
押しつけられ
まっすぐ
すわらされた。
壁によりかか
ろうとすると
打たれた、
と彼女は
語る

だが最悪
だったのは
隔離房だ。
それは
汚物だらけで、
そこで彼女は
トイレット
ペーパーも
生理用
ナプキンも
なしに
放置された…

彼女は尋問を望んだ。だれかと話せるからだ。
「尋問はおもしろかった」
彼女はシン・ベトのことがわかったという

シン・ベトの連中は、女性であることと
アラブ文化という2枚のカードで彼女を
崩せると考えた。収容生活が長くなると
将来の結婚にさしつかえるだろうと
ほのめかした

われわれは女性は逮捕
しない。きみの社会での
女性の立場はわかる。
だれもきみと結婚したがら
ないだろう

25年後には
私はここを出るわ。
男たちは行列して
わたしを待ってる
でしょうけど、
あんたは死んでるさ

彼はわたしに
不利な情報を
もっていて、
まずその情報を
確認させ、次に
さらなる情報を
引きだそうとする。
他の仲間のことを
いうようにね

98

彼らは彼女をレイプするとおどしたという…海外旅行へ出かけたのはセックス・パートナーを探すためだったと非難した

もちろんそうよ。わたしだって変化が欲しいさ

彼女を性的に脅しても無駄だとはっきりさとると、シン・ベトはその手法をあきらめ、最終的には尋問そのものをやめてしまった

釈放されるとき、彼女は彼らが保管していた彼女の両親からの包みを渡された。チョコレートやタバコの包みだ。シン・ベトのひとりは、チョコレートをちょっとくれといった…

正直にいおう。わしらが尋問する女性がすべてあんたのようなら、ロシア区画を閉鎖しなくちゃならんよ。あんたは強い

なにが欲しいの？

最後まで疑い深く、わたしがいったように、タフなお姉さんだ

だがムスタファ・アカウィの場合は？

彼もタフだったか？

イスラエル側の2週間の尋問の末、彼は死んだ。家族は泣いた。遺体が運びだされるのを写真にとろうとしてぼくたちは殺到した

99

2月の雨の日で「殉教者」へのメガフォンや叫び声がひびきわたった1日だった

イスラエル人がこうしたデモンストレーションのような葬儀の行列を許したのが意外だった。パレスチナ人にそろそろ愛国主義のガス抜きをちょっとさせてやろうと考えたのではと思う

ぼくは通信社のカメラマンの相棒サーレフに出会った。彼は混乱状況を見て、ガス弾攻撃がおこると確信していた

この前のときは俺は気を失って、外に運び出されたんだよ

J.SACCO 6·93

だがイスラエル人たちは、マスクをした若者何人かがアル・アクサ・モスクに非合法のパレスチナの旗を挑発的にかかげようとしたときも、なにもしないでいた。群衆が歓呼したとき、ムスタファはこの挑戦的な日の単なる脚注にすぎないように思えた

ムスタファ・
アカウィ

36歳の夫で
1歳の子の父親で
小さな
化粧品会社の
販売人

だが彼は私には
ただひとつの
箱にすぎない。
イスラエル人たちは
彼を人民戦線の
メンバーだと
疑っていたが…

記録では、
彼は
シン・ベトが
被害者たちに
「おだやかな圧力」を
加えはじめてから
訊問で死んだ
8人目だった

家族から検死を
頼まれた
アメリカ人の
病理学者は
ムスタファは
「心臓麻痺で死亡」
と断じた。
「精神的な重圧と
肉体的な無理と
凍るような低温に
置かれ、
適切な医療の欠如
によって起きたもの」
として。
イスラエル政府は
拷問とは無関係と
発表した。
心臓麻痺は
心臓麻痺であり、
他のなにものでもないと。
一件落着

サーレフは
まだ攻撃を
待っていた

こっちから
攻めてくるぞ

しかし
警察は介入
しなかった。
エルサレム
旧市街の
壁の下で、
棺は静かに
地中に
収められた

101

'MODERATE PRESSURE' PART2

おだやかな圧力　その2

勘ちがいしないでほしい。「スパイダーマン」などのマーヴル・コミックスのなかだけではなく、どこにもパラレル・ワールドはある。ここでは？おもての通りでは、交通渋滞、恋人同士やファラフェル（揚げだんご）の店、絵ハガキに貼る切手をなめているジョギング・スーツの旅行者たちがいる。そして壁の向う、閉ざされたドアのうしろでは別のことが起きているのだ。イスに縄りつけられた人たち、睡眠のはく奪、オシッコのにおい…などなどが「国家の安全のため」「保安上の理由」で、「テロリストの活動を阻止するため」行われている。そうしたことがガッサンの身に1週間半前に起こった。彼はぼくに背中と手首を見せてくれた。まだ傷跡がある…

いま彼は東エルサレムの中流階級の家の居間でぼくにお茶やなにかをもてなしている。4週間前、彼は容疑者として、逮捕された。ムスタファ・アカウィの場合と同じようにだ。覚えてるだろ？このあいだ埋葬された男だよ

彼は入荷ほやほやの例である。子どもたちがまとわりつくなか、ガッサンから話を聞いた

小さい女の子はすぐ眠ってしまった。小さすぎて話が理解できなかったのか、すでに何度も聞いた話だからか…とにかく彼女は眠った

そして眠りが彼の話のはじまりだった。物語は常にこのように始まる。みなが眠っていると…

とつぜんドアがけ破られた

私は起きた。彼らが家のなかにいた。12〜15人の兵隊と警官、ふたりの保安要員の男たち…

私は目かくしをされ、ビニールテープで
手を縛られ、台所の床にすわらされた

おまえにも
この日が
きたぞ

そんなことをいうべき
じゃない。これが人の家への
はいりかたか？ ここには
子どもも妻もいるんだ

だまれ！

彼らは目かくしをとると、
私の家への捜査令状を見せた

おまえは
非合法組織の
メンバーとの
疑いがある

カメラを持った男が私の写真を2〜3枚とった

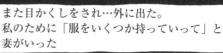

お父さん！
お父さん！

こわがら
ないで！

私は車にのせられ、5〜10分走った

私は警察署に連れていかれた…
目かくしと手首のテープはとられた

ポケットから私の身分証明書そのほかすべてを
とりだすと、そのリストを彼らは作った

さらに何枚か写真をとられ、警察の医療室へ
連れられた

痛みとか
病気はない？

ない

なんの検査もされなかった

104

頭に袋をかぶせられ、
うしろ手に縛られた。
袋はいやなにおいがした。
小便くさい

小さなイスにすわれといわれ、
手をきつく縛られた。
左手は鉄のバーかパイプに、
右手はイスのうしろに
縛られた

1時間たつと
肩が痛くなった

6〜7時間後に
警官がはいってきた

おまえには
非合法組織の
メンバーである
疑いがある

J. SACCO 7.93

105

なんのことか
わかりません。
なんのメンバー
でもないし、
なにもいうことは
ありません

白状する
ならよし、
しなければ
別のことを
しよう

ほら

1〜2時間後、
警官がやってきた

汚ないトイレのある独房にいた。
急いで食べたり飲んだり
しなければならなかった。
タマゴ1個とパン4切れ、
ヨーグルトが少し、
トマトひと切れ。
10〜15分後に警官が
戻ってきた

楽な姿勢をとろうとしたら
倒れてしまった

おい

おい、
だれか！

ばかめ！
じっとすわって
るんだ！

すわれ！

波形とたん屋根の建物の
なかにいるように感じた。
とても寒かった

ほかにも人がいるのを感じた。
警官が行き来するのが聞こえた

だれかが話しているのが
聞こえた。警官が来て
だれかをなぐるのが聞こえた

スピーカーからテープの音が
聞こえた。とても大きい音で、
ヘブライ語や英語の歌、
アラビア語の歌もあった

3本か4本のカセットから流して
るようで、1日24時間同じ歌の
くり返しだ

話す気に
なったかね？

逮捕されて約30時間後に
警官がやってきた

法廷に連れていかれるように
感じた

頭から袋をとられたあと
手をほどかれ、私は
4〜5時間オフィスのなか
に置かれた

私の両手は腫れあがって
いた。皮膚は赤紫色になって
いた

法廷に連れていかれた。
弁護士がいたが、
彼に話すことは許されな
かった

この容疑者は
非合法組織の
メンバーだと
信じます

それは
おかしい。
どんな
証拠が？

彼の家に書類がありました。
海外のテロリスト本部に
電話をしています。
電話番号のリストです

これは私の義理の弟、
妻の別の親せき、病院…
私の勤め先…私の親せき
の番号です

判事はアラビア語が読めた。
自分でリストを見た

さらなる
証拠のため、
さらに日数が
必要です

証拠など
ありません。
ただちに
彼は
釈放される
べきです

48時間の基本拘留に加えて、さらに8日間の拘留延長を認める

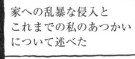

弁護士は部屋を出ていった

なにか法廷でいいたいことがあるかね？

家への乱暴な侵入とこれまでの私のあつかいについて述べた

私を拘留している人たちの前でこのことを述べた。彼らはすべてを聞いていた

前よりさらに堅く縛られた

前とは別のイスで…背中や肩、ひざや手首がとても痛かった。壁によりかかることもできなかった

われわれにいうことがあるかね？

この姿勢で立ってろ！

4〜5時間ごとに彼らは私の位置を変えた

動くな！

私はイスに戻された

新しいイスでは頭を壁にもたれることができたが、袋が顔にくっついて息ができなかった

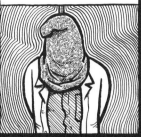

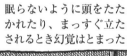

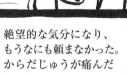

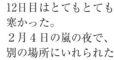

私は回廊にいたようだ 	風がひどく吹きこみ、まるで天井が落ちたようだった 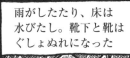	雨がしたたり、床は水びたし。靴下と靴はぐしょぬれになった	すべての感覚を失った 
どうだ？ 		3度目の法廷で、判事はさらに4日の拘留延長を認めた 	
4〜5時間後、警官にシャワーをあびたいかと聞かれた 冷水でなければ… 	おまえの家族からの衣類とヒゲそりだ 	からだを洗うのは15日ぶりだった 	ムスタファ・アカウイが殺されたところだと私は知らなかった 
	イスに2時間いた後、私はいい部屋にいれられて眠った 	部屋は4〜5時間ごとに4〜5回変えられた	眠ることを許された
最後の部屋に2日いた。土曜日の休息日で尋問はなかった 	19日目にまた法廷に連れ出された 	証拠集めにさらに10日が必要です 	証拠はなく、自白もありません。彼は本日釈放されるべきです 

Chapter Five

通りにはいってくると、やつらは家を襲い、壊しだした。窓に石を投げた…

人びとがやってきて彼らに石を投げだした。入植者たちは四方八方に銃を射ちだした

女と子どもたちは悲鳴をあげ、助けを求めた

負傷したひとりは自分の店を閉めようと、外の品物をしまっていた。負傷した人たちは通行人だ。石を投げた人たちではない

入植者たちは街の中心へ走り、人々が追った

兵隊がやってきて入植者たちを守った

こうして不幸なリストに新たな1行が加わった。ヘブロンではいろいろもめごとがこれまでにあったが、そのうちまた起きるのだろう…

とにかく翌朝、イスラエルの英字新聞を手にとると、銃をもった入植者一家がパレスチナ人の住む界わいにはいってきた事件は別の角度で書かれていた

THE JERUSALEM POST

60
1932-1992

Vol. LX. No. 17960 Sunday, January 26, 1992 • Shvat 21, 5752 • Rajab 21, 1412 NIS 2.90 (Eilat NIS 2.50)

major factor in ... for elections.

... housewives ... government legalized all private transactions, ...

ヘブロンの発砲事件で7人が負傷

昨日午後の事件でキリヤト・アルバの住民3人が軽傷を負い、ヘブロンのアラブ人4人が重軽傷を負った。カハ・グループに所属し、道路防衛委員会メンバーをつとめるユダヤ人家族がヘブロンのハーラト・アッシェイフ区域を巡回中、数百人のアラブ人に襲われた。彼らは屋根や路地から石やびんを投げられたという。子ども2人と女性ひとりが負傷した。2人が逃げ、入植者たちは空に発砲したが、効果なしと投石者たちの足を狙って撃ったと語る。昨夜、負傷した4人のアラブ人が東エルサレムのマカーシド病院に運ばれた。病院の発表では、ひとりは腹を撃たれ危篤、ふたりは頭と胸に重傷、ひとりは足に軽傷。IDF（イスラエル国防軍）の報告を受けたヘブロン警察は調査を始めた。道路防衛委員会はユダヤ人が以前にははいりたがらなかったアラブ人地域の巡回を続けると語った。金曜に、キリヤト・アルバとヘブロンからの150人ほどの入植者たちは、ヘブロンのタルク地区を通るキリヤト・アルバにむかう道路を封鎖した。車やバスが同地区を通るとき、絶えず投石されると彼らは訴えている。2時間後、IDFは入植者たちに道路封鎖を解くよう説得した。

UF fr to

An spotted Frida Th je fir so

Moslem fundamentalists

WOMEN 女性たち

11時に約束をとっていた。
パレスチナの女性運動の内情を
知ろうとやってきたのだ。
「少しお待ち下さい」といわれた。
となりの部屋からは、
大声で議論しているのが聞こえる…

それは10分間
続いた

そして10代の娘とその母親が
出てきた…

ぼくの番だ。
なかに案内される

パレスチナ女性活動委員会連合の
幹部ふたりに会う

話してくれる

いま出ていった
少女は15歳で
2度目の結婚が
破綻している。
前の夫との
あいだに
子どもがいるが、
そのとき
14歳だったから
家族をつくる
責任について
なにも
知らなかった。
それが
破綻のきざし、
離婚である

2か月後、娘は再婚した。
2度目の夫は彼女に暴力をふるった。
お茶を買ってこいという。通りに兵隊が
いるのでいやだというと、夫は彼女に
熱湯をかけた

彼女はナブルスの母のところに戻った。
自分の宝石類や家具などは、ヘブロンの
夫のところに置いてきた

夫は、彼女に持ちものの権利を放棄し
経済上の要求はするなといってきた。彼女は
法律上のことがわからないので、相談にきたのだ

J. SACCO 10·93

どんな書類にもサインしちゃだめ、と彼女にいったのよ。夫は慰謝料を払わなくちゃいけないと結婚の誓約にあるのよ

彼女によると連合は弁護士に話し、必要なら裁判も辞さないとのこと

彼女をナブルスの読み書きセンターに通わせ、職業訓練を受けられるよう助けたいし、

男に頼らず自立することを彼女は学ばないと…

たぶんその娘は相談して自立することを学ぶ。ここでの女性の戦いのなかで小さな成功をおさめるかもしれないし、

そうはいかないかも…

ここはアラブ人の中東社会で伝統的な役割固定がある。古い女性像がね。私たちはそれを変えたいのよ。でもわれわれの直面する障害は男たちだけでなく、変化を拒否する女性もいるのよ

その先の計画は女性の経済上、法律上の地位に関するものだが、パレスチナ女性活動委員会連合で働いているモナはいう。「都会に住んでいるエリート層や教育のある層は女性運動になじみがあるけど、

でも村落では事情が違う。女は男に従うものとなおも思っている。男と対等なのよと私が話してもまるで通じない。ときどき私はひとりごとをいってるような気がするほどなのよ」

人権組織で働いているリタは、ちょっと楽天的だ。「徐々にではあるけど、女たちは確実に家族のなかで決定権をもつようになってきてるわ。働く場合でも給料を自分のものにするようになりつつある」

J. SACCO 10.93

134

暴力をふるわれた女たちのための家がある
と教えても、彼女たちは自分の家から出て
こないのよ。反逆する文化はここにはない。
リベラルな男性も含め、男たちは
このことに反対する。夫婦はもとのさやに
おさまる、というのが男の見方なの

フェミニストたちはこの問題そのほかを
論じる必要がある。でもPLOの
ある党派に対応する女性グループや
別の党派のグループは政治的な線で
いっしょになれない

私たちは
国家的な問題で
ぶつかりあって
いる。
社会的な問題に
共同して
とりくんで
いないのよ。
共通の地盤を
生かせない。
女性は男性と対等
と認めるPLOの
憲法を推し進めて
いない…
明白な女性の
ための方針を
組めていないのよ

ぼくが会ったフェミニストたちは
みな自分たちの考えを
推し進める必要を語るが、
同時に占領に抵抗している

インティファーダの革命的な雰囲気は
社会変革への議論を呼びおこすとはいえ、
全体の枠組のなかで女性運動はどう位置づけられるのか、
だれも幻想を抱いていない

ここの
フェミニストたちは
アルジェリア革命の教訓を語る。
女性たちは男性と共に戦ったが、
フランスが敗北すると、
また旧来の位置に
押し戻されたのだ

私たちの国家が
樹立されたら、
かつての状態に後退するのか。
それとも事態は変るのか？
経済発展が優先され、
女性の問題は
とり残されるのか？

私たちは
民族自決運動と
結びついて
いる

民族自決運動の
どんな退行にもね。
私たち女性は
いちばんの
被害者なのよ

インティファーダは
終っていない。
でもみなは考える。
「パレスチナを失ったら
女性問題どころ
じゃない」って…

136

J. SACCO 10-93

世俗的なPLOに対抗するイスラム教過激派の
ハマスは、ヒジャーブの着用義務を要求した。
ハマス支持者たちは女性を脅すようになり、
ヒジャーブなしに外出する女性に暴力を
ふるうこともあった、と彼女は語る

モナの
話によると、
PLOの主な
党派を含む
統一指導部は
パレスチナ人の
アイデンティティ
を強調するうえで、
伝統的な服装を
着るよう
要求したのだった

1990年12月、
パレスチナ女性の
社会問題について
最初の会議が持たれ、
女性にはヒジャーブを
着けるかどうか
選ぶ権利がある
という宣言が
なされた。
統一指導部は、
ヒジャーブを
着用しない女性を
攻撃する者は
裏切り者である
というちらしや
メッセージを出して、
それに同調した

ともかく、ハマスが特に強い地域であるガザ通りで
私がすごした1週間のあいだ、10代なかば以上の女性が
ヒジャーブなしでいるのを1度も見たことがない

この件についてなにか取っかかりを得ようと
ガザの2、3の女性たちに会った。
ジャバリア難民キャンプのすぐ外に住む
19歳と20歳のふたりにまず会うと、
彼女たちは10代初めからヒジャーブを
着けてきたという…

どう考える
べきか？
ハマスが
強制して
いるのか？

着用は
コーランに
記して
あるわ

6年以上も
ヒジャーブを着けて
いると、まるで
習慣みたい

まあ、コーランの関連箇所の
解釈について、ムスリムの
フェミニストたちのあいだに論争
があるとつけ加えるべきだろう…

J. SACCO n.93

138

ではハマスは？

ハマスはインティファーダが議題をひろげる方法と考えている。女性にヒジャーブ着用を強制したがっている

ある日、オマル・ムフタール通りで買いものをしていると、病院のすぐそばで車を運転している女医を見たの。ヒジャーブは着けてなかった。すると3、4人の若者が車に石を投げだした。彼女は怪我をして血を流した

頭をかくせ！

頭をかくせ！

やめろ！彼女はキリスト教徒だ！

インティファーダの初期は、ガザのキリスト教徒は安全のためヒジャーブを着けた。「でもいまはそれほどでもない。女性への暴力行為は減ったわ」

TOP-COLA

同じオフィスに若い魅力的な女性がふたりいた。化粧をしていて、それまでガザで見たすべてに反しているようだった

ヒジャーブを着けていませんね

外では着けるわ

すると着けるのを強制されているのか？

とんでもない！ぼくはまったくまちがっていた。反対に…

ヒジャーブをいつも着けていたいとは思ってるけど…

ほんとかよ？

外の通りだけでなく、いつも着けるのがいいとほんとに思ってるのよ

まったくの話、ぼくはぶちのめされた。彼女たちとぼくのあいだの溝を知った

そしてぼくは信仰をもつとはどういうことか忘れていたのを思い知った

つまり、信仰を持ちたいと望むのはどんなことかを忘れてたのだ…

140

Chapter Six

第6章

止めて、といわなくても、とにかく白とオレンジの塔の下で止めるだろう。IDF（イスラエル国防軍）基地に建っていて、ジャバリア難民キャンプをじっと監視している塔だ

彼らはきみにほかに見せたいものがあるからだ。UNRWAの見学ツアーを楽しい話で盛りあげたいのだ。それはたれ流しの汚水やジャバリアのすべてを監視しているIDFタワーのことなんかじゃない。わかるだろう？

彼らはきみを耳の聞こえない子どもたちに話すことを教えるリハビリ・センターへ案内する。授業はきみのために中断され、先生はクラスの優等生を披露する。彼はまったく耳は聞こえないが唇は読めるのだ

FUQ.

FUQ!

それを黒板に書くこともできる

ほらね！

バンザイ！

成果があがってる！

149

この訪問を、ぼくはガザ市で英語を教えているラリーといっしょにおこなった

彼のアパートで楽しい昼をすごしていた。悪くない場所だ。彼はレンズ豆のスープの昼食を作ってくれた。そのあとネスカフェをのみながらすわってふたりのそれぞれの理論を展開した。つまり、あれからこれへとなめらかに美しくはずんでいく会話ってやつさ。神の本質、アメリカの左派の状態、シオニズム、その他なんでも。彼はコーランを開き、ぼくはオーウェルを説明し、ふたりが読んできたチョムスキーを好ましく思いおこした…

だがいまぼくらは泥のなかにいる

むこうに友だちがいると彼はいう。もうちょっとぬかるみを越えれば…

ドアが開く

だれかの家にやってきたのだ。なかにはいる。廊下か玄関部分があると思うだろう…

だがそんなものはここにはない。屋根も床すらもない。砂だけだ…

151

ひとりがイスラエルでの労働許可書を見せてくれる。
彼はそれに手を加えていた。ほらね？ ゼロの数字を
ひっかいて、許可期間を延ばしたのだ。
「働かなくちゃならないから彼はそうするんだ」と
ひとりが説明する。「許可書の更新に、イスラエル人は
とても長い時間をかけるからね」
ヌセイヤラート・キャンプ、ガザ通り、40パーセント
の失業率、イスラエルでの仕事は貴重なのだ

たとえパレスチナ人労働者への平均日給はたった
20ドルで、通勤するのにその半分以上かかり、
テルアヴィヴ往復に毎日4時間かかるにしても…。
その点では、この男は幸運だ。
彼はここハーン・ユーニスで働き、教える。
彼の名をもう一度？ マスード？
マスードか。ハーン・ユーニスで教えるマスード

なぜヌセイヤラートで学校2校がきのう閉鎖されたのか
彼は語る。なにが起きたか？
「兵隊たちが2週続けて木曜にやってきて
学校のそばに駐車した。それは挑発で、
だれかが石を投げた。兵隊たちは催涙ガス弾を
もってなかにはいり、ゴム弾と実弾を射った」
一度、彼が教えている8歳の生徒が、

ゴム弾で死んだとマスード。
ゴム弾は少年の頭に射ちこまれた。
ガザ通りでは子どもが大勢射たれる。
1989年には、3779人の負傷者のうち
15歳以下の子どもが1506人、
5歳かそれ以下の子どもが33人いた。
だがマスードはそれほどつらそうには見えない

イスラエルとの和平に望みを？「いや」とマスード。
「希望は持っていない。事態は変らないだろう」
でもそれはマスードにとってほとんど問題ではない。
「われわれアラブ人はナショナリズムを試みてきた。
しかし人びとがすべきはムスリムの根本に帰ることだ。
原理主義が高まってきてそれは良い。
いまやイスラムの番だ」イスラムの番？

原理主義？　それはほんとの白人たちすべてが
女性と子どもたちのまわりに防衛線を作る
きっかけだ！　だがマスード式の原理主義は、
ハマスの武力闘争とは違うようだ。
力によるパレスチナの解放を強調する抵抗運動、
パレスチナ人社会のイスラム化へ向うそれとは。
そしてひとりが…

彼の名はイブラヒム、ここは彼の部屋だ。これは彼の
長イスだろう。彼は武力闘争を支持していると語る。
「イスラエル人は力しかわからない」と彼。
どのように？　なんの力？
「方法はある。これまでのところ投石だった。
でも銃がある」そう、前にも聞いている。
このような部屋でパレスチナ人たちが

指をかざし、イスラエル人を射つしぐさをする。
これまでのインティファーダは抑制された行動だった。
でもイスラエル人はパレスチナ人とは比較できない
ほど強力だ。イブラヒムはアラブ諸国からの助け
（または戦車部隊）を期待するのか？
「他のアラブどもはダメだ。話すだけだ。
湾岸戦争のときカダフィはどこにいた？

J. SACCO 1-94'

154

イスラエルを攻撃したのはサダム・フセインだけ
だった。彼は約束を守った。彼は真の男だろ？」
イブラヒムはパレスチナの軍事力について
まくしたてる。彼によるコマンド攻撃のベスト10だ。
バスを乗っとり、ヘリコプターに撃たれるまでに、
フキロ走ってイスラエルの拠点を攻撃した
やつらの話を聞いたっけ？

女性闘士ライラ・ハリドのことは？
彼女はPFLP（パレスチナ解放人民戦線）のゲリラで、
ヨルダン行きの旅客機のハイジャックを手伝った。
乗客とクルーを退去させてから機体を爆破したときだね。
「そうした作戦には賛成できない」とヒゲの男がいう。
「そんなことをしてもどうにもならん」
原理主義者のマスードも同感する

たぶん彼らはヌセイヤラートに来る前に、他のキャンプ
や村や街やこんな部屋で、お茶をのみのみもう何年も
百回もこんな話をしてきたのだろう。そしてまた
ヌセイヤラートの、結婚し生まれたての赤ん坊がいる
若い男の話。彼も運よく仕事があり、イスラエルの
バスを谷につっこませ15人を殺した。ファタハや
PFLPやハマスの命令を受けたのではなかった

彼の個人的な激情によるものだった。
背中をイスラエルの弾丸で切り裂かれた彼の親友の
ことを考えぬいたのかもしれない。
アメリカ人はパレスチナ人のことをどう思うか、と
だれかがぼくにたずねた。ぼくは答えようとして、
敵の協力者たちを殺すのはいい結果をもたらして
いないという話をもちだした

1990年なかばから91年なかばにかけて、
協力者とされた83人がガザで他のパレスチナ人
たちに殺された。それは、同期間にここで
イスラエルの保安部隊によって殺された人たちの
2.5倍だと…。イブラヒムはアメリカの世論は
気にしないという。「そうした協力者どもは
われわれのなかにいてはならない──

わしらを暗殺しイスラエル人に情報を流すやつらだ」
インティファーダ以前は協力者どもは好き勝手に
やったが、いまそのむくいを受けていると
だれかがいう。ヌセイヤラートでは10人が
殺されたかもしれないと。ある協力者が通りに
つきとばされみんなに靴でなぐられ、
統一指導部とハマスのメンバーが車でやってきて

彼をオレンジの繁みのなかに連れてって殺したことを
ひとりが思い出して話す。
時どき容疑者の告白は録音され、だれでも聞ける
ようにカセット・ショップで流したという。
ああ、拷問された被害者もいると彼らは認める。
だがイブラヒムはいう。
「わしらには留置所も監獄もない。
やつらに対処するほかの方法はないんだ」

ぼくらの集会は終る。
隣人たちは夜間外出禁止の8時
までに家に帰らなくては…

ほかの人たちは砂地を渡って
新しい部屋へ…

J. SACCO 1-94

ぼくらはすわる。イブラヒムは石炭をいじくる。雨は波型アスベストの天井に激しく降っている

ここはイブラヒムの兄弟の部屋だ

兄弟はその晩のほとんどのあいだ、とても静かだった

彼の名を2、3度聞いた。なんだっけ？アマルだ

アマルの妻子はぼくらのために部屋をあけてよそに行っている

イブラヒムの家族は家のほかの部分、新しい長イスのあるところに住む

ところでイブラヒムはアブ・ジハドのことを話した。PLOの闘士たちはいかにベイルートを包囲したイスラエル人を食いとめたか…。ジェット機が焼夷弾を投下しているなかで！

話がとぎれるたびに、沈黙の間をすごす。アマルがアラブ式に改めてぼくらを歓迎する

アハラン・ワ・サハラン

ぼくらもそれに答える

アハラン・ビーク

イブラヒムが家族のところに行ったあと、アマルがなにか書類をとりだす

パレスチナ人の医者による医療報告書だ。それは「関係者へ」で始まる…

患者はヌセイヤラート出身の28歳の女性で「重度の呼吸困難、チアノーゼ、胸部感染」があり、同時に気管支拡張症と進行した肺性心がある。過去にうっ血性心不全もやっている。彼女は心臓と肺の移植が必要だ。モントリオールの医者は肺のドナーはいるが、他の費用がかかるという。「免疫抑制剤に理学療法、リハビリテーション」さらに――

J. SACCO 1·94

アマルはぼくがこの報告書を西洋のだれかに渡せないかと聞く

彼女を救える他の医者か病院をぼくが探せないかと…

なにかぼくにできることはないかと…

ぼくはできない

ぼくは…

これをだれか医者に届けてみようといってよ

アマルとラリーはふたりでアラビア語で話しだす

そして…

彼はもう2年も仕事がない

冷蔵庫修理の仕事を始めようとしたが失敗した

ガザには仕事がないという

イスラエルでの就労許可書はわずかしか発行されないといってる

湾岸戦争以来パレスチナ人が湾岸諸国で働くのは不可能だともいってる

西洋で働くことは可能か知りたがっている

ぼくに聞いてるの？

ぼくに…

アメリカでの仕事をあっせんするのはかなり難しいよ。ヨーロッパじゃどうか知らないが、やっぱり困難だと思うよ

わからないよ…

ラリーが彼に伝える

アハラン・ワ・サハラン

アハラン・ビーク

158

J. SACCO 1·94

彼女は
結婚しており、
協力者と
姦通をした

彼女は
家族に
絞殺された

イスラム法
では、
姦通は
死罪だと
弁護士…

同じ罰は
協力者にも
与えられる
べきだろう。
だが彼は
イスラエルの
保護のもとに
ある——と
弁護士はいう

典型的なのだが
姦通した者は
忌み嫌われる。
パーリア
（最下級民）
として
あつかわれる。
今度のような
殺人はまれだが。
この件では
家族が法を
自分らの手で
行ったのだと
彼はいう

協力者が
かかわっているので
イスラエルはこの件を
軍事法廷に
ゆだねたがっている

私としては
この件は第4次
ジュネーヴ条約に
もとづいて
占領軍は占領地域の法と
習慣を尊重するよう
要求しているんだ…

また
ユダヤ教と
キリスト教の
伝統でも
姦通には
同じ罰だ

これは
宗教的事例で
軍事法廷に
かけるべき
ではない

J. SACCO 3·94

＊旧訳の申命記にある

ほかには
どんな
件が？

投石の事件が
毎月30〜40件
ある。しばしば
少年は無実で、
拷問によって
自白させられて
いる

私の依頼人たちは
暴行を受け、
顔を電熱器に
押しつけるぞと
おどされた。
ボールペンの芯を
ペニスにつっこむ
とかそういった
ことだ…

私の仕事は
減刑して
もらうことだ。
訴えを却下させたり
自白の方法を
問うなどは
不可能だ

依頼人たちは
平均して
アンサールⅡか
アンサールⅢに3〜4か月
の刑を受ける。
12歳の少年も
何人かいるよ

会合は終りに
近づいたようだ

こんなことが
何になる？
あんたがここに来て
こんなことを
書いても…

J. SACCO 2-94 161

アマルの家に戻るとすてきな昼食が待っていた

極めつけは、レモン・ソースのかかったぱりぱりの鶏のからあげ

ばかうまだよ

だがラリーはあまり食がすすまないようだ

難民にごちそうになるのは気がとがめると、あとで彼がいった

とりわけ主にお客を喜ばせるために買ってきたものには…

ラリーはガザの街へ行き、これからはアマルがぼくのガイドだ

前には口にしなかったが、アマルは少し英語を話せるとわかった

これから私の叔父を訪ねる

BLACK COFFEE
ブラック・コーヒー

彼のおじさんはコーヒーをたてている

でもまずお茶だ

奥さんが運んでくる

アマルとおじさんは議論する

彼は私と兄弟のことを怒ってる。われわれはモスクへ行かない。行かないならもうわしらと口をきかないという

この件はすみ、コーヒーをのみはじめる

ブラック・コーヒー

砂糖なし

何杯もおかわり

のんでいるあいだ老人は次のコーヒーをたてる

164

いい世の中じゃない避難民の子どもたちの子どもも避難民。親のうらみを引き継ぎ育つんだ

子どもたちは彼らの出自である、1948年にシオニストたちに消された故郷の村と、いま住んでいる場所——ヌセイヤラート・キャンプのブロック2との違いを教えられてきている

子どもたちが寝たあと、イブラヒムはぼくのガイドブックをめくり、アラブ人とロバの絵のところで指をとめる

ここできみが見たことをやつらに伝えてくれ！

これ、イスラエルの本？

いや、オーストラリアの本だよ

われわれのことをこんなふうに思ってるのか？ ロバをひいていると？

私の家族、いとこたちには学生もいるし大学教授もいるしコンピュータの教師もいるんだ！

アラブ人にはテクノロジーがあるんだ！パレスチナ人は教育を重んじている！

このアラブ人の顔をシャミル*に、ロバの顔をベギン*に描くべきだ

遅くなって犬が吠えている。イブラヒムはウンム・カルスームのテープの音量を下げる

車が何台か外を走る

israel
a travel survival kit
Neil Tilbury

兵隊だ

イツハク・シャミル●当時の首相／メナヘム・ベギン●前イスラエル首相

TOMATOES

トマト

翌朝、イブラヒムとマスードが机を作っている作業所を訪ねる

マスードが設備と工程を説明する

アマルもここで働きたいのだ

写真をとるのでふたりに作業をしているふりをしてもらう

アマルはネジをしめるふり…

やらせは終った。外へ出る時間だ

J. SACCO 3.94

恐らく
最もひどいのは、
イスラエルが
パレスチナ人の
水源を支配して
いる点だろう。
イスラエル人は
西岸の水を
イスラエルと
ユダヤ人入植地に
くみだしているが、
パレスチナ人に
残されるのは
その17パーセント
にすぎない。
ここガザでは
イスラエルが
給水の35パーセント
を管理しており、
入植地では
200メートルもの
深い井戸を掘るため、
パレスチナ人の
浅い井戸の
塩分濃度は
危険な域に
達している。
それを飲むと
健康を害す
だけでなく、
ガザでの作物に
打撃を
与えているのだ

いっぽう
イスラエル人は、
ガザの人たちに
新しい井戸を掘ったり
既存の井戸を掘りさげ
るのを禁じている

にもかかわらず、
この人たちは
パレスチナ人が
トマトを上手に
栽培できる
ことを
示したがって
いる

ほらね?

すてきな
トマトだろ?

持ってけよ!

ほら!

ぼくらが
ここに
いるあいだ、
彼らは
昨夜の嵐の
被害を調べる。
途中、
何十もの温室の
おおいが
はがされている
のを見た。
彼らの温室の
いくつかも
被害をうけたのだ。
温室ひとつに
5000USドル
かかるそうだ

171

次は
トマトを
箱詰めする
倉庫だ

いかに
注意深く
トマトを
検査して
いるか
品質管理の
質の高さを
見せる

構内には
客がもうひとり。
テネシーから来た
パレスチナ系
アメリカ人だ。
彼は母国を
2～3週間
訪ねてきている

彼は
トマトに
詳しい

これら
トマトは
ヨーロッパへ
出荷されるが、
イスラエル
経由だ

ほら、
見て
くれ

うん、
ほんとだ！

ガザの
トマトは

最高だぜ！

イスラエル人が
どうするかというと、
トマトを何日も空港に
置きっぱなしにしたり
自分たちのトマトの
あとに発送する

しばしば
ここのトマトは
ヨーロッパに
着くまでに
腐ってしまう

パレスチナ人は
その分も
負担したうえ
評判も落とす

トマトを詰めた
カートンに
「イスラエル産
トマト」とある

どの箱にも
カルメル社の
「イスラエル産」
のステッカーが
ついている

でも
これは
イスラエル産
じゃない！

そうさ、でも
イスラエル産の
ラベルで
ヨーロッパへ
直行だ

ガザ産の
ラベルじゃ
行かない
のさ

でも
これはサギだ！
作業員たちは
このことを
知ってるのか？

彼らは
仕事が必要だ。
イスラエルで
働く許可を
得るのは
近ごろ難しい

TOMATOES

Carmel ISRAELI

J. SACCO 3.'94

172

ONE SHEKEL TO GAZA TOWN
ガザの街まで1シェケル

Chapter Seven

第7章

サミーフは
払った…
まあね

月の最初の
10日間に
電気
メーターが
約50ドル分
になると、
彼は
メーターに
細工する

ほかに
どうしろ
と？
もう2年間
彼は無収入
なのだ

彼が海外で
働いた分の
貯金と、
父親の
イスラエル
での
日やとい
労働の
わずかな賃金
で暮してきた

だが
サミーフは
なまけ者
ではない。
キャンプの
リハビリ・
センターで
奉仕活動を
している。
彼と
仲間たちが
設立に助力
した施設だ

どのように彼らが施設の設立を提案し、
地域の指導者や厚生組織を協力させ
資金集めに戸別訪問をしたか、
彼が話した

いま施設には
ボランティアの
教師スタッフが
いて、指導要項が
あり、20人以上の
ろうあの
学生がいる

ジャバリアの
基準では、
これは
大成功だ

182

J. SACCO 5-94

例えば
サミーフの
ふたりの姉妹は、
夫たちと
子どもたちと
他の３つの家族
といっしょに
10メートル四方
の住居ひとつに
住んでいる。
計35人が
いっしょで
ひと部屋に
７人ずつだ…

子どもたち

そんな
過密な
キャンプに
広大な空地が
あった

1971年、
ガザの
鎮静化を
促進するため、
アリエル·
シャロン将軍の
ブルドーザー一群は
ここと他の
難民キャンプの
一部分を破壊して
いった。
道路を拡げ、
区画の間隔を拡げ、
イスラエル軍の
車輌が動きやすい
ような空間を
作った

当時
イスラエル
軍は
ジャバリアで
１日に40軒
もの家を
破壊した。
今でも
それらの
家の跡が
ある

186

何日もの取材遠足のあと、風雨が最強に達し、キャンプが被害を受けるのを耳にした。夜間外出禁止のあと、サミーフとぼくは彼の部屋にすわり、互いに自分たちの人生について語った

彼はカイロで学び、イエメンで哲学を教えていた

屋根と壁のすきまと、雨もりがすることのほかは、サミーフはぼくが会ったどのパレスチナ人とも同じように居ごこちよく暮していた

彼には自分用の広い空間があった

イスも、食堂のテーブルも、他の家具もあった

西洋式のトイレも…

観葉植物も…

壁には、抽象画や印象派の油絵や版画がある

状況が許す限り、彼は自分のための避難場所を作ってきたのだ

気づかってくれたが、あまりの気づかいにぼくは居心地が悪くなった

あなたはベッドで寝て下さい。わたしは床で寝ます

床は冷たいし、これはあなたのベッドだ。ぼくが床に寝るよ

でもぼくはいつもベッドに寝かされた。ここで唯一の暖かい場所だ

J. SACCO 5.94

187

蜂起が始まったのはここだ。ジャバリア難民キャンプから…

自然な民衆蜂起であり、だれも予期しなかった。PLOすらもね

それまでパレスチナ人の抵抗の大部分は（1948年以前の）本来パレスチナだった地域の外側から起きていた

だが1987年12月のその日、イスラエルの占領下で20年以上生きてきたパレスチナ人たちが自らいっせいに行動を起こした

ムハンマドとフセインはぼくらを、難民の住居とIDF基地の外側のフェンスのあいだの3〜4メートル幅の道路へ導いた

長い泥んこ道に出る。墓地に行く道だ

そこにパレスチナ人労働者たちが埋葬されている

彼らはイスラエルでの仕事から帰るところだった。そこにイスラエルの車がつっこんできた。イスラエル人の運転手がわざとしたという者もいる

パレスチナ人4人が死んだ

ともかくその4人はこの道のさきに埋められている

あまりに寒く、墓参りはしないと決める

鉄条網の上には洗たく物が乾してある。女たちが家から出て乾せる場所だ

191

J.SACCO 6.94

皮肉にもインティファーダで最初の石はパレスチナ人たちに投げられたんだ…

おれたちがここに来ると男たちが外でカードをしていた

なぜそんな時にカード遊びなんかできるんだ?

ぼくらはイスラエル軍の基地の入り口へと戻ってきた

当時の基地はもっと小さく外側のフェンスも監視塔もなかった、とムハンマドとフセイン

おれたちはキャンプに向かった

怒って石を投げた

兵隊たちが人びとを押し返そうとした

空に向け発砲した

ジープとトラックでおれたちを押し返そうとした

そうすれば逃げると思ったのさ

やつらはパニックにおちいった

193

J. SACCO 6-94

THE BOYS
PART THREE

男たち　その3

15歳のフィラスは
PFLP（パレスチナ
解放人民戦線）
で働く。
それは
最初の騒ぎの
数週間後の蜂起に
影響を与えた
抵抗組織の
ひとつだ

なぜ
インティ
ファーダに
かかわるの？

それは
ぼくにとって
祖国をとりもどし、
占領から解放され、
世界の人たちに
ぼくらのことを知ら
せる方法だから

兵隊が両親に
したことをぼくは
見てる。やつらは
ぼくの兄弟たちを
なぐり、兄弟の
ひとりは入獄中だ

人民戦線
には
どうして
誘われたの？

隣人が
ぼくがハマスや
他のグループの
方針に賛成かどうか
たずねてきたんだ。
そのあと2日間
ぼくを調べていた。
どんな友だちが
いるか、
どこへ行くのか
など…

ぼくが合格だと
決めると、
人民戦線で働きたく
ないかと聞いた。
自分や祖国や
ここでの問題や
暮しのことが
気がかりなら
考えてみるべきだ、
といった。
考えてみると答えた。
強制はされなかった。
彼とその仲間と
すわって6回話をして
から決断した。
他のグループも
接近してきたけれど、
ぼくはすでに
人民戦線にはいると
決めていた…

そのとき
きみは何歳？

13歳
だった

兵隊5人がぼくをベッドからひきずりだし、床に投げつけた。腕が折れた

ぼくが腕を押さえるのを見て、その腕をけった。医者と看護婦が止めようとした

でも彼らは追い払われ、病院の従業員ひとりは腕を折られた

何回ぼくはなぐられたか数えきれない。口から血が出た

 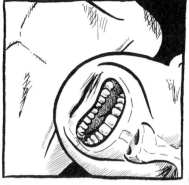 

鼻からも…やつらはぼくの歯を折った

 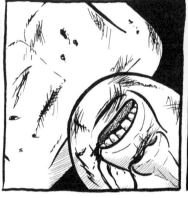 

2日後
ぼくは
意識をとり
戻した

兵隊が
また来たが、
国連と赤十字の
人たちがいたので、
ぼくをなぐら
なかった

インタビューの後で、サミーフとぼくは
フィラスと同年代の子どもたちのことを
話した

われわれの
指導部は、若者
クラブは閉じた。
子どもたちは
サッカーも
他の楽しみも
奪われた

戦うこと以外は
考えないように
されてる。
インティファーダの
歌を歌うんだ。
学校でもね

それに、
兵隊が子どもたちを
ほっとかない。
いつも呼びとめ質問する。
どの家もだれかが
入獄中か
死んだり怪我したり
している…

これが
子どもの
暮しか？

J. SACCO 7.94

101

THE BOYS
PART FOUR

男たち その4

リファットは17歳

午後3時のことでした

兵隊たちは大通りにいてぼくたちはやつらに石を投げ

走って逃げた

別の通りにはいると車が見えた

アラブ服姿の4人が出てきた。ひとりは銃を持っていた

ぼくが逃げると彼らは射ってきた。背中を射たれたけど、感じなかった

ふり返ると、お腹を射たれた

J. SACCO ? 94

彼のはなしを
聞きながら、
ぼくは2週間前
東エルサレムの
YMCA
リハビリ・
プログラムの
主任に
インタビュー
したときの
ことを
思いだした

その組織は
負傷した
若いパレス
チナ人を
あつかって
いる

ぼう大な数の
負傷者をどうし
たらいいのか？
わしらの国が
あればどうにか
できるのか？　インティ
ファーダでの
負傷を補償
するのか？

主任の
関心事の
ひとつは
重傷の
若者たちを
その地域
社会に復帰
させることだ

14歳の
少女がいる。
銃弾で目を
失った

その後
10日間、
彼女は誰とも
口をきかな
かった

母親は、
みにくくされた顔は
彼女の結婚の
望みを断つのでは、
と心配した

娘が
落ちこまない
ように、
母親を訪ねて
なだめなくちゃ
ならなかった

204

障害者たち
HANDICAPPED

サミーフはここでの職業教育プログラムを語る。でもセンターのディレクターたちのなかにはその地位をプロとしての資格ではなく、党派への忠誠によって得ている者もいる、とぼくは聞いた。ファタハはセンターが軌道に乗ってから初めて関与し、そのプログラムの成功を組織のおかげだと利用し宣伝しまくるのだという。約束した物質的援助はほとんどせずに…

そうした問題に加えて、自分も教師たちも障害者と働く職業訓練を受けていないのだとサミーフは認める。訓練を受けたい。実際UNRWAはサミーフをベツレヘム大学の4か月コースの候補者にあげたところだった。彼の要求にぴったりの「障害者を世話する技術訓練」コースへ――

だがベツレヘムは西岸にあり、サミーフはガザに住む。通うのにはイスラエルの許可がいる…

ダメだって？なぜ？

それがUNRWAと提携しているプログラムじゃないからだって…

なおもサミーフは自分の教育を進める夢をもっている

私は修士学位をとりたい。ヨーロッパで勉強したい。障害者に対し人道的な理解があるからね

別の国籍もとりたい。そうすれば自由に外国を旅行ができ、パレスチナで問題なく働ける

だがサミーフが旅行できるかどうか決めるのはイスラエルであり、どっちにしろセンターにはだれかを2〜3年外国へ送る金はない

センターは彼や6人の教師への賃金も払えない。フルタイムの仕事は無償なのだ

いっぽうイエメンで教えてサミーフが貯めた5000ドルは底をつきつつある

ではどうしたら？

すばやくまばたきし、
心のイメージを
はじきだして考える。
「こいつは
このマンガの
すごい2ページ分の
絵になるぜ」
どしゃぶりの
雨のなかを
揺れて進む車の
不気味な場面だ。
サミーフはなんとか
ふり向いて
暗闇を見すえ、
ギアを手探りして
車をまたしても
水におおわれた道から
抜け出させようとする。
となりにぼくがいる。
これはぼくの
最も幸福な瞬間だ。
やったぜ！
わかるかね。
何百マイルも
飛行機やバスや
タクシーで、
まさしくここへ
やってきたんだ。
ジャバリアだ。
ガザ通りで必見の
難民キャンプ、
インティファーダの
発祥の地、
難民と汚物と不衛生さの
ディズニーランド…
ついに来たぜ。
ぼくはパレスチナ体験を
復習してる
くそったれの
冒険マンガ家さ。
もう何日も着替えもせず、
ネズミの死骸をまたぎ、
寒さにふるえ、
男たちとばかばなしをして
彼らの恐ろしい話に
わけ知り顔でうなずく…
いまぼくは洪水の夜の
車のなかで
自分のほほをつねり、
外の恐ろしさに
おののきながら考える。
「かかってこい。
受けてたつぜ」
だがぼくは窓を
ぴったり閉めている

いっぽうサミーフは
この瞬間の
すばらしさに
気づかない

参ったな

参ったな

彼はいらついている

運転免許も
ないし、

それに
ぼくらは
禁じられた
ビデオを
持ってる

REWIND
巻きもどし

208

しろうと撮影だ。兵隊との戦い…負傷する若者、流血…

インティファーダの最初の1週間で、ぼくはこうしたことがいやでほとんどやめようとした

[彼は看護士]

次に捕えた子どもふたりをなぐっているCBSの悪名高きビデオ。効率的に腕を折ってる。このことは聞いていたが、見るのは初めて。ちょっと長すぎる…

パレスチナ寄りの描写（PLOのゲリラ訓練とMTV式の党の歌）のあとホームビデオへ。衝突で射殺されたばかりの若者の埋葬。葬列者たちは急ぎ、緊張し、見張っている。イスラエル人は倒れた若者たちの死体から臓器をとっていると信じてるパレスチナ人もいる。ぶれる画面…手持ち撮影だ。緊張してる。そういったっけ？兵隊を見張り、兵隊が来るのを恐れている

ビデオは終り、ぼくらはすわって話す

時計に目をやる

8時の外出禁止がすぐだ

ほかのだれも気づかないのかも…

時計が進んでいるのかも…

なにかいったほうが？

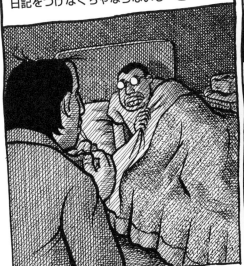

翌朝早く、サミーフはリハビリ・センターへ向かう。ふつうぼくも同行するが、今日はちがう。寝ていたいと彼にいう。日記をつけなくちゃならないし…と

後で、サミーフの兄弟とその仲間が立ち寄って、もう一度ビデオを見たいかという。ぼくのアラビア語は数を少しいえる程度で、「見たくない」まではいえない

昼食、お茶、お菓子をとりながら、またビデオを見る

傷と血と腕折り場面。2度目のほうが楽に見られる

埋葬のシーン。葬列者たちは緊張し見張ってるが、ぼくは心配しない。兵隊が来なかったと知ってるからだ

それがビデオのいいところだ。巻きもどして見直す。驚きは減り、神経にもこたえない。お茶をすすり、兵隊が来ないとわかってるから安心…**保障つきだ**

でも外へ出れば、この今、その保障はなくなる

J. SACCO 8·94

Chapter Eight

第8章

巡礼
PILGRIMAGE

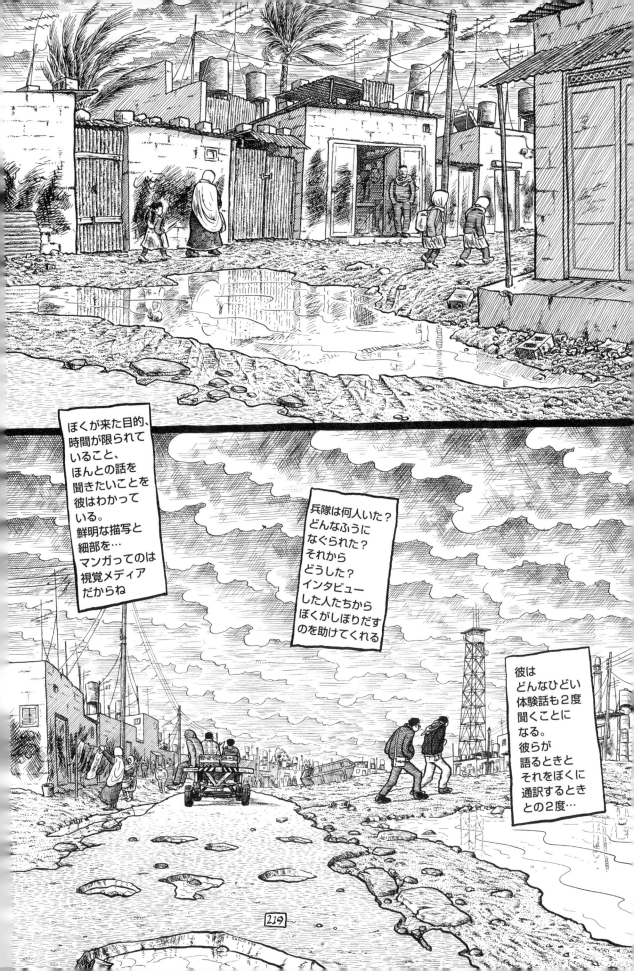

今日、サミーフがソーシャルワーカーとして働いているリハビリ・センターにメモが回ってきた

事務局に友人たちをたむろさせないこと、友人にお茶を出さないこと、友人をキャンプに案内するために早退しないこと…

またサミーフは降格されるかもしれないと告げられた

センター内の政治なのだ。どこにでもおこることだ。たぶん前から議題にあがっていたのだ

でも、ぼくの存在が引きがねになったのだ

ぼくがどんな気持ちかわかるかい？

220

そのあとの夜の時間は
サミーフの家族とすごした。
彼の病気の母、兄弟と義理の
姉妹、甥と姪、未婚の姉妹…

彼の母は1948年のことをちょっと
話す。だがその言葉は途切れ、
涙があふれる

彼らは
わたしらを
家からほうり
だし、そして
いまここに…

彼の15歳の甥は、衝突で2度
射たれた。だがぼくらは
衝突の話はもうじゅうぶん…

サミーフの兄弟は興味を示す

どうしてあなたは
ここで食べて寝る
ことになったのかね？
わしらの話を聞いて
恐くないのか？

姪はぼくを見つめる。10歳で興味しんしんだ。サミーフが通訳する

あなたの
国の水は
どんな味？

ここより
いい水
なの？

女性は
エジプト人
みたいに外では
スラックスを
はくの？

男は奥さん
ふたり
もてるの？

あなたの国には
兵隊やユダヤ人や
ファタハや人民戦線が
いるの？

229

通りの向こう側の店へ行くのに、ごみの山をいくつもつたっていく

サミーフの欲しいものはない

ラファフへ行く時間だ

J. SACCO 12.94

233

兵隊がバリケードのうしろから彼の頭を射った

彼が倒れるのが見えた。わたしは外にいた。でもどの息子かわからなかったの

息子のほうに走ったけど、近所の人たちにとめられたわ

息子はヘルスセンターへ運ばれ、それからハーン・ユーニスの病院へ…

わたしたちは息子のあとについてった。兵隊たちは車を止め、父親と兄弟をなぐりだした

兵隊たちは通りに燃えているタイヤをどけろと命令した。彼らは息子の腕を折った。わたしの長男の…

兵隊たちはわたしが乗ってる車も止め、わたしたちはなぐられた

兵隊のひとりが石をとってわたしの足に投げたけど、なにも感じなかった。息子に会いたかったから…

ハーン・ユーニスの病院で医者がいった。息子はイスラエルの病院に連れていかないと…

兵隊たちは息子を救急車でその病院まで行かせるのを拒否した。ハーン・ユーニス近くの入植地から航空機で運ぶのだという

わたしはいっしょに救急車に乗って空港へ行った。検問所を通った。「怪我人です。急いでるんです」と医者たちはいった

236

息子の遺体が運ばれてきた。遺体を洗う時間は15分だけ許され、わたしたちは近くの家で息子を洗った

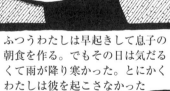

わたしらは外出禁止下にあった。叔父の息子は殺されたばかりだった

外出禁止解除のあと、息子のアハメドには学校へ行かないで欲しかった。衝突があるから…

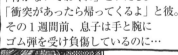

3日後、彼はいい張った「学生はみな登校してる。ぼくも行かなくちゃ」

ふつうわたしは早起きして息子の朝食を作る。でもその日は気だるくて雨が降り寒かった。とにかくわたしは彼を起こさなかった

でも彼は自分で起きて服を着た。「どうか行かないでくれ」という父から金を少しもらったアハメドはいった「心配ないよ。投石はしないから」

彼はわたしの部屋の戸をあけ、学校へ行くといった。「行かないでおくれ」とわたし。「衝突があったら帰ってくるよ」と彼。その1週間前、息子は手と腕にゴム弾を受け負傷しているのに…

238

わたしは起きて市場にお米を買いに行った。叔父の息子のお通夜のために…

そこの人たちがわたしを変な顔で見た。アハメドが射たれたばかりで、そのことをわたしにいいたくなかったのだ

家に帰るとだれもいなかった

学生4人が学校での衝突で負傷した、と隣人がいった。
息子ふたりが通ってる学校だ

わたしは義理の娘のところへ行った。なにもいいたがらない。それから泣きだしていった
「アハメドが負傷したの」

わたしたちはハーン・ユーニスの病院へ行った。でも息子はそこにはいなかった

「兵隊たちが彼をイスラエルの軍病院に連れてった」という。わたしは耐えられなかった。息子のバーセルに起こったと同じことが起きるのでは…

その病院に行くのに午後6時までかかった

息子は5回射たれていた。ひたい、首、腕、心臓とほほを。彼はまだ生きていた…

彼をエルサレムのマカーシド病院に移したかったが、拒否された

翌日わたしは再度頼んだ。院長のところへ行き、足と手にキスし息子を連れださせてくれと…

239

「息子を連れて行くのにはアラブ人の医者と救急車がないと」と彼

アハメドの兄弟は医者と救急車の手配をしにガザに戻り、病院に帰ってきた時はもう暗くなっていた

アラブ人の医者たちは息子を見て「連れださないほうがいい」といった。すぐ死ぬとわかったからだが、「道路が悪いから」とわたしらに説明した

その夜、わたしらはガザへ戻り、病院にはふたり残った。彼らはそこで寝た

午前1時に兵隊がやってきて、アハメドは死んだと告げた。遺体を運んでくると兵隊はいった

兵隊たちはふたりを真夜中、イスラエルの道ばたに降ろした
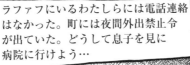
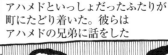

ふたりは10キロ歩いてガソリン・スタンドまで行き、そこでガザへはいるのに午前4時まで待った。夜間外出禁止だったから…

ラファフにいるわたしらには電話連絡はなかった。町には夜間外出禁止令が出ていた。どうして息子を見に病院に行けよう…

アハメドといっしょだったふたりが町にたどり着いた。彼らはアハメドの兄弟に話をした

息子はわたしにはっきり告げたくはなかった。「もし彼が死んだならぼくらより幸せだろう」「いやあ」とわたし。アハメドが死んだとわかった

息子と夫は軍へアハメドの遺体を引きとりに行った。「8時に遺体を運んでこよう」と兵隊たちはいった

彼の遺体を兄弟のとなりに埋めたかったが、兵隊たちは拒否した。それでわたしらはエルサレムの人権組織に電話した。彼らはわたしたちのために仲裁してくれた

エジプト国境？

そう

みんな疲れてるのはわかってる。でも取材もほとんど終えた。ラファフはもう取材リストから消そう…

国境ではひとりの女性が鉄条網とフェンスごしに、無人地帯の向うのエジプト側のだれにむかって叫んでいる

彼女はなんと？

そっちのぐあいはどう？だれだれによろしくとか…

1977年エジプトのサダト大統領はエルサレムへ行った。ノーベル平和賞が与えられ、エジプトとイスラエルは別々の平和を得た。エジプトは1967年第3次中東戦争でイスラエルに占領されたシナイ半島を回復し、新たに国境線をとり決めた。つまりパレスチナ人の町ラファフはブルドーザーで分断された。ラファフ住民の大部分はこちら側に住むが、数千人がエジプト側にとり残された

ふたりの女性は石の上にすわり、エジプト側の友だちか親戚が姿を見せるのを待っている

彼女たちを残してぼくらは去る

244

地獄へようこそ

オマル・ムフタール通りのタクシー乗り場では、まだエルサレム行きのタクシーが1台あった

あとふたり客が来たらすぐ出るといっている

2台の車が疾走してきて、通りのむこうのシェファ病院にきしりながら行く

たぶん怪我人を運んでいくんだろう

ぼくはサミーフにファラフェルをおごる

ぼくのせいできみに職場でいろいろ迷惑をかけてすまない。うまくいくといいけど…

いずれわかるさ

ぼくはさらにあやまり、今夜のことに感謝する

2年後にまた来るのかい？

来たいね。状況次第だけどそうしたいよ

248

昨夜の
結婚パーティは
楽しかったよ。
すてきな気分転換
になった

うん。
今日は
友だちと
バーベキューを
するかもしれない。
天気が
よければね…

それは
楽しいね

もうひとり客が来ないと
出発できないと運転手。
くそったれが…

ねえサミーフ、
いっしょに
待たなくて
いいよ

バーベキュー・
パーティに
遅れちゃうぜ

ぼくらはサヨナラをいい、ひとりで
待つ。永遠に続きそうな待ち時間…

やっとタクシーはいっぱいに
なり、エルサレムに向かう

エルサレム！ シャワーを浴び、
下着を替えるぞ！ ホステルに
いるあのフランス女性！
オランダ女性もいる！

だが隣の男は、「ぼくは投石のため
アンサールⅢに2年間すごした」と
ぼくにいう

エルサレムまで1時間半かかる。
彼はその体験のすべてをぼくに
話したがってる…

249

Chapter Nine

第９章

ふたりが建築家だとぼくは知った

シルワンを見てよ。この地区にぴったりはまってるじゃない？

それにひきかえユダヤ人の入植地はしっくりこないわ

わたし、西岸の入植者のための建物の仕事は決してしないわ

入植者用の家を設計する大きな仕事を断わった建築家を知ってるわ

家族のことを考えれば引きうけるべきだってみんなにいわれたけどね

ポーラはどうだ？ 入植地のための仕事をするのか？

わからないわ。確信はないの

ポーラは軍務についていたとき西岸ですごしたことがあるとわかった。エリコ近くのIDFの砲兵隊で地図作りを担当していたのだ

ええ、軍隊生活は好きだった。おもしろい2年間だったわ。イスラエルじゅうから来た人たちに会ったし…

特に男たちね

でもね、軍にいたときアラブ人に土地を返すのは危険だとわかった

特に男たちよ

ぼくは目的の
人たちに
会えなかった。
銃撃で
傷ついた
若い女性を
訪ねたのだが、
もう病院には
いなかった

その近くの
バラタ難民
キャンプでは、
友人の
ジブリールも
留守だった

さよならを
いいに行っ
たのだが…
ぼくは
1週間も
しないうち
にここを
発って、
カイロに戻
りそれから
ベルリンへ

そう、ベルリンへ…

でも
とりあえずは
テルアヴィヴ
をたっぷり
楽しんでいる。
西洋人の
ぼくの
耳や目には
なんだか
なつかしい

ナオミと
ポーラも
なつかしい。
ふたりの
日々の関心事
は、ぼくの
知っている
ヨーロッパや
アメリカの人
たちの日常を
思い出させる

J. SACCO 6-95

261

さらに催涙ガス！

ガス弾があがり、

旧市街の家の屋根に落ちる

どこかの台所の窓を破らなければいいが…

ジブリールを見るとすでに彼は何十歩もさきにいた

ぼくはカメラをとりだす。もしIDFがやってきて、彼がぼくと一緒にいるのを見つかるとまずい

この騒ぎの後、ぼくらの幸運な再会はそう甘美ではなかった。数分後、ぼくらは別れた

J. SACCO 6·95

その夜、ぼくは北の村ですごす

その地出身のパレスチナ人の看護婦とぼくは知りあいになった

ぼくらはくつろぐ。パレスチナや占領についての話はせずに…

今夜は愛について語る

彼女はオーストラリアに2年間いた話をする。彼女の恋人はそこにいる

アルバムを出して彼の写真を示す

彼とは結婚できないと彼女はいう。ここでは社会的に受けいれられないから…

宗教的な違いと文化的な違い

ぼくは彼女を説得しようとする「なんとかなるよ。なんとか道があるよ」

「ダメ、ダメよ」と彼女。彼女のロマンスはいつも妨害されてきた

砂糖

SUGAR

ところで彼女の母親は、お茶の味についてぼくを実験台にする

1杯ごとに砂糖の量が増える。我慢しているが、ぼくののどはひりひりしてる

彼女は砂糖をいれ続ける。溶けないほどの砂糖を！

ついにぼくは抗議する。「砂糖のなかにもう少しお茶をいれて下さいませんか」彼女は母の手を止める

翌朝、「3人のイスラエル兵が、ジェニンのグリーンライン上で昨夜惨殺された」とラジオが告げた

ぼくは11時にジェニンで人に会うことになっていたが…軍がジェニンを封鎖したのかラジオでははっきりしない。ジェニンには出入りできるのか？

268

兵隊は銀行から出てくる

さらなるおどし！

どなる！

探索はさらに続く

兵隊の数が増えている。3人がパトロール中だが、びくびくしてる。ひざがふるえてる。仲間が3人、昨夜惨殺されたのだから…

もうじゅうぶんだ

ぼくはジェニンへ行く

でも前を見るべきだった

おっと！

失礼！

ジェニン行き？

そう、ジェニンへ

前方に検問…

殺人犯たちを探してる

3人のイスラエル人が昨夜殺されたのだ

12フィート進み止まる!

2フィートで止まる!

6インチで止まる!

黄色のナンバープレートをつけた入植者の車が飛ばしていく

検問は青いナンバープレートをつけた西岸のパレスチナ人の車にだけだ

そのあいだ赤ん坊は泣き続け…

色男も…

戦闘爆撃機も空を舞う…

やつらレバノンに爆撃目標でもないのかね?

落着け。ぼくはこれまで検問ではついていた。兵隊たちはぼくを検査しなかったし、バッグを見せろとはいわなかった。ノートや日記も見なかった。そこには取材関係者の名前や住所がある。見られたらたいへんだったかも。わかるだろ？

「やっかいなものは持つな」だが…

よく見ようともしなかった

でもぼくらは止められなかった

見ろ、ぼくは検問の王さまだい！

JENIN ジェニン

やれやれ、遅れて着いたので約束には間にあわなかった。で、あてもなくぶらついていたら学校の教師だったという老人に会う。イスラエル兵が屋根の上に陣どって見まもるなか、彼はすわってパレスチナとパレスチナ人の未来について語ってくれる

「生きるか死ぬか、それが問題だ」

「ハムレット」だね

NEHRA

そう、シェイクスピアだ。とてもいい芝居がたくさん。「ジュリアス・シーザー」！それにバーナード・ショー—

アラブの作家たちは？

みんなバカだよ

良いアラブの指導者は？

いない

ナセルも？

ダメダメ

だれも？

サラディン*がいる！

サラディン●十字軍と戦った12世紀アラブのサルタン

われわれには指導者はいない。アラブ諸国の政府はヘビのシッポみたいなもので、ヘビの頭はイギリスかアメリカなのさ。最悪のやつはずっとイギリスだったな

イスラエル人はどう反応すると思います？兵隊を3人殺されたのでもっと厳しくなるでしょうか？

もっと厳しくもっと軟かく、もっと軟かくもっと厳しく。それはどうでもいい。ずっと永遠に続くのさ、永遠に…

和平交渉についてはどうです？

生まれる前から死んでたよ。和平への道は野獣の道さ

イスラエル人は出ていかないと思う?

彼らは決して出ていかないよ、ただ逃げだすのさ

ほら、やつらは屋根にいて見てるだろ?やつらは気をつけなくちゃいかんよ

やつらが眠るとわしらが…

ザックリさ

ユダヤ人とパレスチナ人は別の国家で共に暮せますか?

無理だね!やつらはこの土地が欲しいし、わしらもこの土地が欲しい。やつらがグリーンラインの向こうに行っても、もしわしがハイファに洞窟を持っていればそれはわしの洞窟だ

サラーム・アレークム

アレークム・エス・サラーム

この男はグリーンラインの向こうに土地と家を持っていた。やつらが彼から奪った。いまじゃイスラエル人が彼のオリーヴの木を所有してる。自分の土地をあきらめるかどうか彼に聞いてごらん…

彼はなんといってる?

やつらがこことパキスタンのあいだのすべての土地をくれたとしても、彼はやつらが奪った自分の土地の石ひとつあきらめないとさ

ハハハハハハハ

この和平交渉とはなにかわかるかね? イスラエル人がやったことを合法だとする書類にわしらパレスチナの指導者たちが署名することだよ。そうさせたらいい…

でもなにも変らないよ

J. SACCO 895

A BOY IN THE RAIN

雨のなかの少年

ぼくはエルサレムであるアイルランド人に会った。彼は英国国教会の神父になるつもりのオックスフォード大生だが、彼の関心はユダヤ＝キリスト教の全範囲におよんでいた。彼は通なのだ。実際、彼はほんとの宗教オタクなのだった

彼はフランシスコ修道会と共に十字架の道行きをしたし、

アルメニア正教会の晩禱にも参加し…

なんと聖墳墓教会でもお祈りをしたのだ

毎金曜、頭にテフリン・シェルロッシをつけて「嘆きの壁」に降り、母親がユダヤ人のように思わせ、ハシディム主催のシャバトの夕食に招待された

ぼくはそこまではやらない。同じ場所に彼とは別の関心事——つまりパレスチナ問題を探りに行った

いろいろなオリーヴとみどりの野菜ですてきなサラダを作るこのアイルランド人はホステルに何週間もいた。ぼくらは食事を共にするようになり、互いの冒険の日々が始まった

巡視のカンタベリー大司教の指輪にキスしたことを彼は誇らしげに語った

ぼくはラマラと衝撃弾について語った

ふたりとも夢が実現したと思う

J. SACCO 8·95

279

1度だけぼくらの関心事が交差したのは西岸の街ベツレヘムでのクリスマス・イヴのことだった

彼はもちろん真夜中のミサのためそこにいた。長いあいだ教会とは疎遠だったカトリック教徒のぼくですら、聖カトリーヌ教会で感無量だった

でもそれもつかの間。巡礼者たちが何十もの言語で押しあいへしあいしているし、柱にさえぎられて前が見えない

ぼくは目をしっかり閉じてラテン語に集中しているアイルランド人の友から離れ、いらいらしているイスラエル兵が保安チェックしているあいだ、なにかおもしろいことがないか探していた

すぐ見つかった。ミサの模様は教会へはいれなかった人たちのためにマンガー広場のイスラエル警察本部の壁面に作られた大きなスクリーンに投影されていた

アイルランド人とぼくは、その夜すっかり満足してベツレヘムを去ったといっていいだろう。彼はさらなる宗教の儀式を体験したし、ぼくは占領のさらなる厳しい矛盾をじっとながめることができたから…

でも聖地とかパレスチナとかイスラエルとかどう呼ぼうと、そうした所とはそういうものだ。自分が探しているものを知って来た者はそれを見つけて帰るのだ…

J. SACCO 8-95

数週間後、カイロ行きのバスのなかで、自分が探しにきたものを見つけた女性に会った

彼女はニューヨーク在住のユダヤ人。家族の大部分はホロコーストで抹殺されたが、間一髪、彼女は危ういところでドイツから連れ出されたのだった。彼女は休暇の3週間をイスラエル軍へのボランティア活動にすごした。彼女は美しい、活気に満ちた、包囲されているイスラエルを見に来て、やはりがっかりすることなく帰るところなのだった

イスラエルはすばらしい

イスラエル人はすばらしい

でも悲しいわ。いつも脅威にさらされているので、若い人たちが銃をもってなくちゃならないのを見るのはね

結局、あの人たちはずっとそうなのよ

でもイスラエルの物語には別の側面もありますよ。パレスチナ人の……

わたしがいうのは平和が欲しいってことだけよ

そう、ぼくらはみな平和を望んでる。それが何であろうとね。でも平和もまた違ったことを意味し得る。平和を想像したい人たちみなが同じイメージをもってるわけじゃない

エルサレムに来て最初の日々のある日、ぼくはアラブ人の宝石屋の奥の部屋で、パレスチナ人ひとりとイスラエル人ひとり、NGOで記者の仕事をしているアメリカ人ふたりとすわっていた。ぼくらは現在の和平交渉を分析し、（あるとすれば）どの方法がいいか見通しを話しあった

ときどきぼくは、アラブ人とユダヤ人がいっしょのひとつの複合国家がとにかく長い目で見ればいちばんいいと思うんだ

わたしは2つの国という解決法がいちばん受けいれられやすく成功すると思うわ

J. SACCO 8·95

訳者あとがき

19番目の『パレスチナ』刊行国から

小野耕世

　大学時代の４年間、私は毎日のように映画館に通った。国際基督教大学では美術部に属していたが、見晴らしのいい部室の壁に、好きな映画のポスターを貼ったものだ（当時は、映画館や配給会社の宣伝部では、頼みこむとポスターをくれることがあったのである）。「ＯＫ牧場の決斗」「リオ・ブラボー」「ナバロンの要塞」や、70ミリ映画流行期のハリウッド大作、スタンリー・クーブリック監督の「スパルタカス」、オットー・プレミンジャー監督の「栄光への脱出」のポスターもあった。この２作は共に1960年の製作で、タイトル・デザインはソール・バス、脚本はドルトン・トランボによる点も共通している。トランボは、マッカーシズムのさなか映画界を追われたハリウッド10（テン）のひとりとして有名だが、この２作に自分の名を出して復帰し、私は両作とも、映画館を追って何度も見た。後に大部な『ドルトン・トランボの書簡集』がアメリカで刊行されたとき、私はそれを購入し、日本で翻訳出版できたら……と思ったこともある。

　イスラエル建国の過程をドラマ化した「栄光への脱出」はアーネスト・ゴールドによる音楽も良く、日本でヒットし、リオン・ユリスによる原作小説も犬養道子の訳で出てベストセラーとなり、私も読んだ。大学卒業後、ＮＨＫの教育局にはいった私の部署に、アメリカからの帰国子女が配属されてきたことがある。「イスラエルのキブツ（イスラエルの農業共同体）に行って働きたい」というのが彼女の夢だった。そういう時代だった。恐らく世界の多くの若者たちが、キブツを一種の理想郷のようにとらえ、あこがれていたのではないか。

　だが、時代は変る。アラブのテロリストがアメリカのスーパーボウル（フットボールの大試合）のスタジアムを飛行船で襲うという内容のジョン・フランケンハイマー監督の映画「ブラック・サンデー」（1977）は、日本での配給もきまり、映画についての文章を書くようになっていた私は試写で見ることが出来たが、直後に（石油産油国への配慮か）上映は、とりやめになった。「栄光への脱出」も、映画館では見かけないようになっていた（現在、ビデオなどで入手できるが）。

　映画のみならず、子ども向けの絵本その他の視覚大衆文化の背後にひそむ〈文化帝国主義〉などに敏感になった私は、学生時代の自分がいかに無知であったか、いやでも気づくようになる。また、アメリカのコミックスに親しんで育った私は、まださほど有名でなかったマンガ家アート・スピーゲルマンが1980年に来日すると、すぐに親しくなり、やがて彼がアウシュヴィッツ収容所を生きぬいた自分の父親の物語をコミックス化した長編『マウス』（ピューリッツァー特別賞を受賞）を出すと、私は翻訳し日本語版（晶文社刊）を出した。

1995年、東京でのマンガ関係者のパーティーで、ひとりのアメリカ人のコミックス・ファンに会ったとき、私はたずねてみた「いま、いちばん良いと思うマンガはなに？」。彼は答えた「ジョー・サッコの『パレスチナ』だよ。あれはすごい」。私はアメリカで刊行中だった１冊30ページほどのコミックブック版『パレスチナ』のシリーズを読みだした。第１次インティファーダの時期の現地に取材した著者によって、イスラエルの占領下にあるパレスチナの人びとの姿が描かれているのだが、内容を味わい深いものにしているのは（スピーゲルマンの『マウス』の場合同様）作者の取材対象への距離のとりかたであろう。作者自身がマンガのなかに登場し、取材する自分に問いかけ、その立場を常に相対化しようとする。作者を含む登場人物の顔が、独特のパースペクティヴのとりかたにより、画面のなかで大きく誇張されたり小さく描かれているのは興味深い。その場の雰囲気や居あわせた人たちの心理状態を反映しており、もちろんそこには（深刻な状況を描きつつも）ユーモアが生まれる。日本の読者には、一時期作者と行動を共にするカメラマン・サブローの存在に注目するのではないか。この本の献辞にあるケンジというのがその実名であるが、彼についての詳細はわからない（今回の特別増補版では献辞は省略しました）。

　作者のジョー・サッコは、1960年マルタ島の生まれ。１歳で家族と移ったオーストラリアで少年時代をすごし、73年にアメリカに渡ると、オレゴン大学でジャーナリズムの学位を得て81年に卒業。ジャーナリストとして働いてみるが思うようにいかない。趣味だったマンガを故郷のマルタ島やオレゴンで描いてみた後、1988年にヨーロッパに旅し、湾岸戦争の模様を自伝的なマンガに描く。91―92年にかけてパレスチナに滞在、最初の長編ルポルタージュ・コミックス『パレスチナ』を93―95年にかけて９分冊で刊行、96年にアメリカ図書賞を得る。

　その後はサラエヴォに現地取材した『安全地帯ゴラズデ』や、『戦争ジャンキー』等を『パレスチナ』と同じファンタグラフィックス・ブックスより刊行し、〈コミック・ジャーナリズム〉という分野を切り拓いていく。ナポレオンの兵士たちが命令に従い激流の川を馬で渡って空しく死んでいく様子を描いた彼の短編（コミックス・ジャーナル特別号「愛国心特集」に描いたもの）が、私には印象深い。最近は、イラク戦争についての短編コミックスも発表している。

　ジョー・サッコの『パレスチナ』が完結してから10年以上が経つが、内容の本質は少しも古びていない。ただ、人びとの生活や闘いの状況に変化はある。本書に描かれた第１次インティファーダでは、イスラエル軍のジープに対して投石がなされるが、2000年からの第２次インティファーダでは戦車がやってきて、空にはイスラエルのアパッチ・ヘリが舞い、空爆もある。18年に渡ってパレスチナに通い撮影してきた古居みずえ監督による記録映画「ガーダ　パレスチナの詩」（05）には、戦車を相手の第２次インティファーダの模様が撮られ、占領下に生きるパレスチナ女性の姿がいきいきと描かれていて圧倒される。

　本書翻訳中にこの見事な映画を見た私は、07年２月に古居さんにお会いし、このマンガに出てくるアラビア語の固有名詞などの表記のしかたをご教示いただき、パレスチナの現状についても

お話をうかがった（古居さん、ありがとうございました）。

　パレスチナにはイスラエル経由で入国しなければならないが、パスポートにイスラエルの入国スタンプがあると、シリアやレバノンには入国できない。エジプトとヨルダンにはスタンプがあっても入国できるが、エジプトとの国境は（このマンガにあるように）イスラエルの管理下にある。ガザもテルアヴィヴも地中海に面しているが、ガザは砂山で西岸は岩山で、まんなかのいちばんいい肥沃な平地をイスラエルが占め、緑ゆたかであるが、いまキブツはさびれている。このマンガのパレスチナ人の暮しにテレビは出てこないが、'00年ごろからテレビが出まわっている。チェスもパレスチナ人の娯楽で、上等な美しい二つ折りのチェス盤も売っており、外出禁止下の夜はチェスやカード遊びが人気のある楽しみである……。

　サイードの死後にドキュメンタリー映画「エドワード・サイード　Out of Place」（05）を撮った佐藤真監督は、05年の国際交流基金主催の「アラブ映画祭2005」での講演のなかで「撮影カメラマンがチェスが得意で、パレスチナの人たちとチェスをして勝ったらすっかり人気者になり、次に撮影に行ったときは『日本からチェスの名人が来たぞ』と歓迎され、彼にチェスの相手をしてもらって、撮影は私がしたこともある」と語っていたものである。

　そのサイードによる本書の序文は、このマンガの全1冊版が01年に刊行されたときに初めてつけられた。お読みになればわかるようにマンガ論としての部分もあり、彼の他の著作には見られないサイードの少年時代のマンガ体験が記されていて、サイードとサブカルチュアとのかかわりを知るうえで非常に興味深い。ここに言及されているアメリカのコミックブック『キャプテン・マーヴル』や『ジャングルの女王シーナ』は、私も小学生時代に東京の古書店で買って見ていたし（復刻版が出ているものもあり）サイード少年の気持ちがよくわかる。『オリエンタリズム』や『遠い場所の記憶──自伝』などの著者に私は改めて親しみを感じたものだが、彼がスピーゲルマンの『マウス』を高く評価していることもわかる。

　パレスチナを描いた劇映画としては、エリア・スレイマン監督による「D. I.」（02）と、ハニ・アブ・アサド監督がイスラエル人のプロデューサーと組み、フランス・ドイツ・オランダと共同製作した「パラダイス・ナウ」（05）がすばらしい。前者は、その卓越したユーモア感覚（それもやはり対象との絶妙な距離のとりかたから生まれるが）で私をとりこにしてしまった。

　06年の第30回香港国際映画祭で見た後者は、07年に日本でも公開された。自爆テロの実行者に指名されたパレスチナの青年ふたりの微妙なこころの動きと友情が描かれ、テロ行為とその背景は単純に解釈できるものではないことを観る者に示している。この映画は、本書に描かれている西岸のナブルスやイスラエルの都会テルアヴィヴなどで撮影されており、人びとの食事やお茶の風景（「ナブルスの人は、なぜあんなにお茶に砂糖をいれるの？」と女性が聞く場面には、本書を訳した私は笑ってしまった）、オリーヴの木との生活、テレビのある仕事場などが出てくる。なによりも、ナブルスの難民キャンプに生まれ、6歳のとき一度病院に行ったほかそこから出たことがない主人公のひとりの気持ちが、痛く胸に迫ってくる。自爆テロ指揮者の冷酷さなど静かな皮肉も効いていて、事態を相対化して見る姿勢がここにもある。

「D. I.」も「パレスチナ・ナウ」も、いきなり美しいパレスチナ女性が画面に現われ、検問にむかって歩いてゆく場面から始まるのが期せずして共通しており、映画「ガーダ」にも通じる女性のちから……というものを感じさせる。「パラダイス・ナウ」はイスラエルでも上映され、自爆テロにむかうパレスチナ人の心理に思わず共鳴してしまった自分を責める者も、観客のなかにはいたという。

　そのイスラエルの状況はどうか。やはり「アラブ映画祭2005」で上映された「忘却のバグダット」（02）は必見だろう。イラク生まれのサミール監督はハリウッド映画100年のなかで表象されてきたアラブ人とユダヤ人のステレオタイプを跡づけたうえで、イスラエルに住むユダヤ人のあいだでの差別構造など、このモザイク国家の複雑な内情を提示した長編ドキュメンタリーである。目を開かされた思いの私は、この映画をくり返して見た。また、パレスチナ出身のミシェル・クレイフィとイスラエル出身のエイアル・シヴァンが監督した「ルート181　パレスチナ―イスラエル　旅の断章」（03）は、イスラエルを車で縦断しつつ人びとにインタビューし、その日常とパレスチナ人への反応をとらえた4時間半の力作で、見ごたえがある。

　06年12月30日夜のNHK教育テレビの番組で、パレスチナとレバノンの状況が放送された。そのなかでホロコースト被害者の家族であるイスラエルのある知識人は「イスラエル兵の前に立つパレスチナ人の表情は、（ホロコースト時の）ドイツ兵の前のユダヤ人の表情と同じだ」と語っていたが、そんなイスラエル人は少数派のなかの少数派で、多くは真相を知ろうとしないと、現地を取材した出演者が述べていた。

　本書『パレスチナ』は、アメリカのほか、すでにイギリスをはじめ、ブラジル、チェコ、フィンランド、フランス、ドイツ、オランダ、インドネシア、イスラエル、イタリア、韓国、ノルウェー、ポルトガル、スペイン、スウェーデン、シリア、トルコ、ユーゴスラビアの18か国で刊行されており、日本はその19番目の海外の出版国である。06年10月、イスラエルの政治マンガ家ミシェル・キシュカ氏とパレスチナの政治マンガ家バハ・ブハリ氏が初めて来日、私はふたりに別々にインタビューする機会があった。1954年ベルギー生まれのキシュカ氏は15歳でイスラエルに移りエルサレム在住。父親はホロコーストの生存者で、『マウス』をエルサレムの書店で買い、30分でいっきに読み、後にパリで作者のスピーゲルマンにも会ったという。ジョー・サッコの『パレスチナ』もエルサレムで買って読んだが、「内容がやや片寄っており誇張されていると思う」と私に語った。いっぽう、ブハリ氏は1945年エルサレム生まれだが、イスラエル建国の戦争で4歳のときに一家はシリアに移る。マンガ家となりアラブ諸国をまわり、オスロ合意の後パレスチナに戻り、現在ラマラに住む。ブハリ氏に本書を見せると、「この本のことは知らなかった。読んでみたい」と私にいった。ふたりのマンガ家は、05年にキシュカ氏が中心となって開催された「エルサレム・マンガ会議」（27か国の政治マンガ家が集まった）で知りあったのである。

『パレスチナ』特別増補版に寄せて

小野耕世

2001 年にアメリカで出版された『パレスチナ』完全版 (日本版は 2007 年刊行) に寄せて、エドワード・サイードは「ジョー・サッコを讃える」という長いまえがきを寄せている（本書にも収録）。極端に要約すれば、以下である。

『パレスチナ』の刊行は、画期的なことだった。もちろん、当時、複雑で国際的に焦点となっているパレスチナ問題を描きおろし長編コミックスの単行本として刊行するなど、だれも想像もしなかったからである。そして、いわばドキュメンタリー・コミックスの描きおろしとして、世界の読書界を驚かせたのだった。もちろん、年少（青年層を含む）の読者からの反響も大きく、広い範囲で支持を得たので、いま改めて完全版が出たことを嬉しく思う。

それはそうだろう、と今にして私は思うが、本書を初めて翻訳したときは、パレスチナ問題が、ついにコミックスになったのかと感心し、嬉しかった。しかし、アメリカでもこの種の本が初めてだとは思わなかった。

そして今もなお、『パレスチナ』は、他の追随を許さない〈名作〉であろう。

この『パレスチナ』特別増補版に対するジョー・サッコの「まえがき」には、2001 年に『パレスチナ』完全版が出版されてから 6 年が経ち、状況は悪くなる方向へと変化している現実に対する苛立ちが込められている。

2022 年 2 月に始まったロシアのウクライナ侵攻により、世界の眼は俄然東欧に向けられ、アフガニスタン、中東、アフリカ、東南アジア、そしてパレスチナからの報道は極端に少なくなっている。一部の人は言うだろう、ロシアのウクライナへの侵攻、南東部の地域の併合と、イスラエルによるパレスチナの土地の収奪、ユダヤ人の入植とは、どう違うのだ、と。

ジョー・サッコの最新作は、アメリカ先住民たちにかつて向けられた不当な仕打ちを描いたものだ。ジョー・サッコの新しい＜コミック・ジャーナリズム＞の次なる冒険に、おおいに期待したい。

最後に、本書における増補分の翻訳については、露木美奈子氏と松丸さとみ氏に対して深く感謝を申し上げたい。

2022 年 10 月

ジョー・サッコ

1960年、マルタ島生まれ。オレゴン大学でジャーナリズムの学位を取得し、81年に卒業。91年から92年にかけて現地を取材した本書『パレスチナ』で96年にアメリカ図書賞を受賞。また、ボスニア紛争の体験をもとにした『安全地帯ゴラズデ』で2001年のウィル・アイズナー賞を受賞。〈コミック・ジャーナリズム〉という分野のパイオニアとなっている。最近の著作としてはボスニア紛争を題材にした『The Fixer』（2003年）『War's End』（2005年）、アメリカ先住民族の痛ましい歴史を描いた『Paying the Land』（2020年）など。2019年にはガザ地区について書いた『Footnotes in Gaza』を刊行するなど、パレスチナへの関心は変わらず持ち続けている。

訳者●小野耕世（おの・こうせい）

1939年、東京生まれ。国際基督教大学卒業。アメリカのみならず、アジアやヨーロッパのコミックスの紹介や翻訳を行う第一人者として知られるほか、映画評論家としても活躍中。著書に『長編マンガの先駆者たち──田河水泡から手塚治虫まで』（岩波書店）、『世界コミックスの想像力──グラフィック・ノヴェルの冒険』（青土社）、『世界のアニメーション作家たち』（人文書院）、『アジアのマンガ』（大修館書店）など。訳書に大反響を呼んだアート・スピーゲルマン『マウス──アウシュヴィッツを生きのびた父親の物語』完全版（パンローリング）、ロバート・クラム『フリッツ・ザ・キャット コンプリート』（復刊ドットコム）など。

PALESTINE THE SPECIAL EDITION
by Joe Sacco

Copyright©2007 by Joe Sacco
Japanese translation rights arranged with
Am-book Inc. and Fantagraphics Books inc.
through Japan UNI Agency, Inc., Tokyo

パレスチナ 特別増補版

2023年 1月20日　第1刷発行
2024年 10月30日　第3刷発行

著　者	ジョー・サッコ
訳　者	小野耕世
装　幀	岩瀬聡
本文DTP	株式会社ウエイド（山岸全）
原文チェック	藤田進
発行者	首藤知哉
発行所	株式会社 いそっぷ社
	〒146-0085　東京都大田区久が原5-5-9
	電話 03（3754）8119
印刷・製本	シナノ印刷株式会社

ISBN978-4-910962-00-9　C0095
定価はカバーに表示してあります。